Anleitung zur praktischen Magie

Samael Aun Weor

Verlag Heliakon

Verlag Heliakon

Umschlaggestaltung und Illustrationen: Verlag Heliakon

Originaltitel: Manual de Magia Practica
Übersetzer: Osmar Henry Syring

Druck und Vertrieb: BoD - Books on Demand, Norderstedt

www.verlag-heliakon.de
info@verlag-heliakon.de

ISBN 978-3-943208-38-2

Die Deutsche Nationalbibliothek verzeichnet diese Publikation in der Deutschen Nationalbibliografie; detaillierte bibliografische Daten sind im Internet über dnb.de abrufbar.

Inhaltsverzeichnisse

Die Einweihung ist dein eigenes Leben. Wenn du die Einweihung willst, schreibe es auf einen Stab. Wer Verständnis hat, der verstehe, denn darin liegt Weisheit. Die Einweihung kann man nicht kaufen oder verkaufen. Fliehen wir vor jenen Schulen, die die Einweihung in Postversandkursen anbieten. Meiden wir all jene, die Einweihungen verkaufen.

Die Einweihung ist ein sehr intimer Vorgang der Seele. Das Ich empfängt keine Einweihung. Es gibt neun Einweihungen in die niedrigeren Mysterien und fünf bedeutsame Einweihungen in die höheren Mysterien. Es ist die Seele, die die Einweihungen empfängt. Alle Einweihungen und Grade, die von vielen Schulen der physischen Welt erteilt werden, sind in den höheren Welten absolut wertlos. Die Meister der Weißen Loge erkennen als wahrhafte Einweihung nur die echten Einweihungen der Seele an. Dies ist vollkommen innerlich.

(Aleph) - Der Magier

Der Mensch ist dreigeteilt, in Körper, Seele und Geist.

Der Geist ist der Innerste.

Die Seele ist das Bewusstsein, dessen fluidischer Körper im Okkultismus Astralkörper genannt wird.

Der physische Körper ist der Teufel in uns.

Zwischen dem Innersten und dem Körper gibt es einen Vermittler; dieser Vermittler ist die Seele, der Astralkörper.

Der Magier muss lernen, sich mit den Astralkörper durch die Unendlichkeit zu bewegen.

Die Seele muss lernen, nach Belieben den Körper zu verlassen und wieder zu betreten.

Alle unsere Schüler müssen lernen, den Körper zu verlassen.

Alle unsere Schüler müssen lernen, mit dem Astralkörper zu reisen.

Alle unsere Schüler müssen lernen, ihre okkulten Kräfte zu entdecken.

Die vier Voraussetzungen, die man braucht, um ein Magier zu sein, sind folgende:

Zu leiden wissen. Zu schweigen wissen. Zu verzichten wissen. Zu sterben wissen.

Wer die okkulten Kräfte entwickelt hat, besitzt Macht über Blitze und über ausbrechende Vulkane.

(Beth) - Die Priesterin

Die Frau ist der Athanor der sexuellen Alchemie.

Der Mensch verließ das Paradies durch die Tore des Garten Eden, und der Garten Eden ist die Sexualität.

Das Tor zum Paradies ist die Sexualität.

Wer Eden betreten will, muss das Tor suchen.

Die Frau ist das Tor.

Die Orientalen sprechen von der Erweckung von Kundalini.

Kundalini ist das heilige Feuer des Heiligen Geistes.

Kundalini ist das Pfingstfeuer.

Kundalini ist die feurige Schlange unserer magischen Kräfte.

Kundalini ist ein sehr mächtiges Feuer.

Dieses mächtige Feuer ist im Chakra Muladhara eingeschlossen.

Das Chakra Muladhara ist die Kirche des Steißbeins.

Das Chakra Muladhara befindet sich im Steißbein.

Das Chakra Muladhara hat vier Blütenblätter, die ein Kreuz bilden.

Das ist das flammende Schwert.

Mit diesem feurigen Schwert erweckt der Schüler alle Kräfte und verwandelt sich in König und Priester des Universums, mit Macht über Erde, über Wasser, über Feuer und über Luft.

Entlang der Wirbelsäule gibt es einen Kanal, der im Orient Shushuma genannt wird.

In diesem Rückenmarkkanal gibt es einen feinen Nervenstrang, durch den Kundalini aufsteigt.

In dem Maße, in dem Kundalini durch die Wirbelsäule aufsteigt, werden all unsere okkulten Kräfte erweckt.

Das Geheimnis, um Kundalini zu erwecken, ist Folgendes:

Das männliche Glied in die Scheide der Frau einführen und sich, ohne den Samen zu vergießen, zurückziehen.

Das gezügelte Verlangen lässt unsere Samenflüssigkeit zum Kopf aufsteigen.

So erwacht unsere Kundalini.

So können sich unsere Schüler in Götter verwandeln (siehe: „Abhandlung über die sexuelle Alchemie“ desselben Autors).

Diese Übung wird langsam ausgeführt.

Während dieser sexuellen Verbindung werden die Mantrams ***Dis***, ***Das*** und ***Dos*** gesungen.

Jeder einzelne dieser Buchstaben wird folgendermaßen verlängert:

Diiiiiiiiiiiiiiiiiiiiiissssssssssssssssss

Daaaaaaaaaaaaaaassssssssssssssss

Dooooooooooooossssssssssssssss

Während dieser Übung bildet sich in der astralen Ebene ein hermaphroditischer Cherubin, der die Macht hat, alle unsere Chakren zu öffnen und uns in Götter zu verwandeln.

Dieser Cherubim ähnelt dem Mann und der Frau.

Er trägt eine purpurfarbene Tunika bis zu den Füßen.

Er ist vollkommen hermaphroditisch, denn er besitzt die Sexualorgane des Mannes und der Frau.

Dieser Cherubim bildet sich in dem Moment, in dem das Paar sexuell vereinigt ist.

Dieser Cherubim wird während der Trance der sexuellen Magie erzeugt.

Dieser Cherubim besitzt alle Mächte von Eden.

Dieser Cherubim besitzt alle Mächte, die der Mann und die Frau vor dem Fall hatten.

Dieser Cherubim besitzt die Schlüssel von Eden.

Mann und Frau, die in der Trance der sexuellen Magie vereint sind, sollen ihm gemeinsam, zur gleichen Zeit, befehlen, dass er ihre Kundalini erweckt und all ihre Chakren öffnet.

Mann und Frau geben den Befehl und der Cherubim wird gehorchen und all ihre magischen Mächte öffnen.

Diejenigen, die sich in Götter verwandeln wollen, dürfen niemals im Leben auch nur einen einzigen Tropfen ihres Samens verschütten.

Eine einzige Samenejakulation reicht aus, um in dieser Arbeit zu scheitern.

Die Sexualmagie darf nur zwischen Ehemann und Ehefrau in rechtmäßig errichteten Heimen ausgeübt werden.

(Gimel) - Die Kaiserin

Am Anfang war das Wort und das Wort war bei Gott und Gott war das Wort.

Der Schüler muss täglich eine Stunde vokalisieren, um seine okkulten Mächte zu erwecken.

Das Mantram ***Chis*** dient dazu, die Macht der Hellsichtigkeit zu erwecken; dieses Mantram wird folgendermaßen ausgesprochen: Chiiiiiiiiiiiiiiissssssssssssssss …

Die Silbe ***In*** dient ebenfalls dazu, die Macht der Hellsichtigkeit zu erwecken; diese Silbe wird folgendermaßen vokalisiert: Iiiiiiiiiiiiiiiinnnnnnnnnnn …

Auch das Mantram ***Ris*** kann man für die Hellsichtigkeit benutzen.

Dieses Mantram wird folgendermaßen vokalisiert: Rrrrrrrrrrrrriiiiiiiiiiiiiiiissssssssssss …

Auch das Mantram ***Isis*** ist ein großartiges Mantram, um die Hellsichtigkeit zu erwecken; dieses Mantram wird folgendermaßen vokalisiert: Iiiiiiiiiiiiiiiiissssssssssss

Eine Stunde täglich Mantrams singen ist besser, als eine Million Bücher über Theosophismus, Spiritismus, usw. zu lesen.

Hellsichtigkeit und Vorstellungskraft sind dasselbe.

Für den Weisen bedeutet sich etwas vorzustellen, es zu sehen.

Wer hellsichtig werden will, muss die verlorene Kindheit wiedererobern.

Der Engel Aroch lehrte mich die mächtigsten Mantrams der Welt, um die Hellsichtigkeit zu erwecken.

Wer hellsichtig werden will, muss mit dem Denken aufhören und sich daran gewöhnen, alle Dinge mit der Vorstellungskraft zu betrachten.

Die mächtigsten Mantrams der Hellsichtigkeit sind die ersten Silben, die ein Kind während seiner ersten Lebensjahre spricht.

Diese Silben sind: ***Ma Ma, Pa Pa***.

Die erste Silbe ***Ma*** sollte sehr hoch gesungen werden.

Die zweite Silbe ***Ma*** sollte sehr tief gesungen werden.

Das Gleiche gilt für die Silben ***Pa, Pa***.

Bei der ersten Silbe jedes Wortes erhebt man die Stimme und das wiederholt man mehrmals in immer tieferer Tonlage.

Der Meister Huiracocha sagt in seinem Werk mit dem Titel „Logos, Mantram, Magie“ Folgendes:

Vergessen wir nicht das Leben und seine Entwicklung in den Kindern. Die Geschichte wiederholt sich und ist in ihnen das Spiegelbild der Erschaffung des Kosmos als sichere Orientierung für unsere Existenz. Die Kinder sprechen in ihrem zittrigen Stammeln zuerst die Silben ae...ae...ae...

Dann ma... ma... ma...

Später ba... ba...

Ihre ersten Gesten erinnern an das B und das M, und hier ist es, wo wir mit der Einweihung beginnen sollten, die ich euch in einem geeigneten Augenblick lehren werde. (aus dem Buch „Logos, Mantram, Magie“)

Die Wahrsagerinnen von Delphi erhielten Hilfe von Gott Apollo und unsere Schüler können während ihrer Übungen Apollo anrufen, damit er die Hellsichtigkeit erweckt.

Die Wahrsagerinnen von Delphi erweckten die Hellsichtigkeit, indem sie stundenlang auf Wasser starrten und unsere Schüler können das gleiche tun.

In den Atomen der Kindheit befindet sich die Macht der Hellsichtigkeit.

Diese Atome befinden sich in unserem inneren Universum und wir können sie durch die Silben ***Ma Ma*, *Pa Pa*** aktivieren.

Das Stirnchakra besitzt 96 Strahlen und leuchtet zwischen den Augenbrauen wie eine Lotusblüte.

Diese Lotusblüte hat ihren Sitz in der Hypophyse.

Hellhörigkeit

Hellhörigkeit ist die Macht des Hörens in den inneren Welten.

Die Hellhörigkeit ist das magische Gehör.

Die Hellhörigkeit erwacht mit dem Vokal ***E***.

Diesen Vokal kann man mit verschiedenen Buchstaben kombinieren, um das okkulte Gehör zu erwecken.

Die Silbe ***En*** dient dazu, das magische Gehör zu entwickeln.

Diese Silbe wird folgendermaßen ausgesprochen: „Eeeeeee-eeennnnnnnnn…“

Das Mantram ***Ches*** ist unglaublich mächtig, um das magische Gehör zu erwecken.

Dieses Mantram wird folgendermaßen vokalisiert: „Cheeee-eeeessssssss…“

Es gibt einige sehr mächtige Mantrams, um das magische Gehör zu erwecken.

Diese Mantrams sind: ***Aum Chivatum Eeeeee***....

Aum vokalisiert man, indem man den Mund beim Vokal A weit öffnet, ihn beim U rundet und mit dem M schließt.

Die übrigen Silben werden ausgesprochen, indem der Ton jedes Vokals verlängert wird.

Das Kehlkopfchakra befindet sich im Hals und besitzt 16 Strahlen. Seine Farben sind wundervoll. Es gleicht einer Lotusblüte, die aus der Schilddrüse hervorkommt.

Intuition

Im Herzen wohnt der Innerste.

Im Herzen ist Gott.

Wer das Chakra des Herzens erweckt, erlangt die Intuition.

Wer das Chakra des Herzens erweckt, erlangt die Macht, Wind und Orkane zu beschwören.

Wer das Chakra des Herzens erweckt, lernt, alle Dinge mit dem Herzen zu studieren und verwandelt sich in einen Weisen.

Dieses Chakra erwacht mit dem Vokal ***O***.

Die Silbe ***On*** dient dazu, das Chakra des Herzens zu erwecken.

Diese Silbe wird folgendermaßen ausgesprochen: „Ooooooooonnnnnnnn....“

Das Mantram ***Chos*** dient ebenfalls dazu, das Chakra des Herzens zu erwecken. Es wird folgendermaßen vokalisiert: „Chooooooooossssssssss...“

Das Vaterunser ist die größte magische Kraft, um das Chakra des Herzens zu erwecken.

Beten bedeutet, mit Gott zu sprechen.

Das Vaterunser dient dazu, mit Gott zu sprechen.

Der Schüler soll sich bequem auf sein Bett legen. Er soll aus seinem Verstand jegliche Art von weltlichen Sorgen entfernen und dann soll er mehrere Stunden lang über jedes Wort und jeden Satz des Vaterunsers meditieren, als ob er mit dem Vater im Himmel sprechen würde.

Während dieser Übung soll der Schüler in einen tiefen Schlaf fallen.

In einer Traumvision erscheint der Vater im Himmel dem Schüler, und der Schüler kann vertraut mit ihm sprechen.

Der Vater kann den Schüler bestimmte Visionen sehen lassen, die der Schüler lernen muss, mit dem Herzen zu interpretieren. Auf diese Weise können alle Schüler mit Gott sprechen.

Das Chakra des Herzens besitzt 12 Strahlen oder leuchtende Wellen.

Das Mantram ***Omnis Aum Intimo*** hilft uns, mit dem Innersten zu sprechen.

Dieses Mantram wird mental vokalisiert.

Der Schüler soll einschlafen, während er zum Innersten betet und mental das Mantram ***Omnis Aum Intimo*** singt.

Der Schüler kann mit seinem Innersten sprechen.

Der Innerste erscheint dem Schüler in einer Traumvision.

Das Mantram, um die Intuition zu erwecken, ist ***Om Mani Padme Hum***.

Dieses Mantram wird folgendermaßen gesungen: ***Om Masi Padme Yom***.

Die Aussprache ist Buchstabe für Buchstabe folgendermaßen: Ooooooooooommmmmmmmmmm...... Maaaaaaaaaaaa....... Siiiiiiiiiiii......... Padme........ Yoooooooommmmmmmm......

Die Bedeutung ist: „Oh, mein Gott in mir!“

Dieses Mantram wird vokalisiert, während man den Innersten anbetet, während man den Innersten verehrt.

Der Innerste ist das Höchste in uns.

Der Innerste ist unser individueller Geist.

Die antike Menschheit war instinktiv.

Aristoteles hat das Zeitalter der Vernunft eingeleitet, das mit Immanuel Kant, dem Philosophen aus Königsberg, seinen Höhepunkt erreichte, zu verfallen begann und mit dem Fischzeitalter endete.

Ich, Samael Aun Weor, bin der Initiator des Zeitalters der Intuition. Wir müssen lernen, mit dem Herzen zu studieren.

Der Intuitive versteht mit einem einzigen Buchstaben.

Der Intellektuelle ist so beschränkt, dass er wegen eines Kommas mehr, oder eines Punktes weniger den Faden der ganzen Abhandlung verliert.

Telepathie

Der Solarplexus ist das Zentrum der Telepathie.

Wir besitzen eine wahre drahtlose Station in unserem Organismus.

Der Solarplexus empfängt die mentalen Wellen, die durch das Universum reisen und übermittelt sie an unser Gehirn.

So erreichen fremde Gedanken unser Gehirn.

Das nennt man Telepathie.

Der Solarplexus entwickelt sich mit dem Vokal ***U***.

Das Mantram ***Chus*** ist unglaublich wirksam, um das Chakra des Solarplexus zu entwickeln.

Dieses Mantram wird folgendermaßen vokalisiert: Chuuuuuussssssssss.....

Eine andere sehr interessante Übung, um den telepathischen Plexus zu erwecken, ist die Folgende:

Der Schüler soll sich in einen bequemen Sessel setzen, mit dem Gesicht nach Osten.

Der Schüler soll sich vorstellen, dass im Osten ein großes *goldenes Kreuz* ist, das goldene und blaue Strahlen aussendet.

Der Schüler soll sich vorstellen, dass diese Strahlen in seinen Solarplexus eindringen, um ihn zu erwecken und zu beleben. Diese Übung sollte täglich zehn Minuten praktiziert werden.

Diese Übung wird täglich in den ersten Morgenstunden, also bei Sonnenaufgang, praktiziert.

Das Chakra des Solarplexus empfängt die solaren Energien und ernährt und entwickelt mit ihnen die übrigen Chakren unseres astralen Organismus.

Wer dieses Chakra entwickelt, erwirbt die großartige Kraft der Telepathie.

Die Silbe ***Un*** kann, indem die Buchstaben ***U*** und ***N*** verlängert werden, während der Übung des goldenen Kreuzes bei Sonnenaufgang vokalisiert werden.

Der Solarplexus ist unsere Empfangsantenne und unsere Zirbeldrüse ist unser Sendezentrum.

Dieses Chakra besitzt zehn Strahlen.

Schlüssel, um sich an vergangene Leben zu erinnern

Der Schlüssel, um sich an vergangene Leben zu erinnern, liegt in der Übung des Rückblicks.

Der in tiefe Meditation versunkene Schüler soll eine Rekapitulation aller erlebten Ereignisse seines Lebens machen, von der Gegenwart bis in die Vergangenheit.

Der Schüler soll versuchen, sich an alle Ereignisse in umgekehrter Reihenfolge zu erinnern, indem er mit den Letzten beginnt, bis es ihm gelingt, sich an die ersten Ereignisse seiner Kindheit zu erinnern.

Wir können uns an alle Erinnerungen unserer Kindheit erinnern, indem wir die Übung des Rückblicks im Moment des Einschlafens praktizieren.

In diesen Augenblicken können wir uns anstrengen, um uns an die letzten Erfahrungen unserer vergangenen Reinkarnation zu erinnern.

Und so können wir uns in umgekehrter Reihenfolge an alle unsere vergangenen Reinkarnationen erinnern.

Wichtig ist, diese Übung des Rückblicks in Augenblicken des Einschlafens zu praktizieren.

So können wir uns in Traumvisionen an all unsere vergangenen Leben erinnern.

Das Lungenchakra erlaubt uns, uns an unsere vergangenen Leben zu erinnern. Dieses Chakra entwickelt man mit dem Vokal ***A***, folgendermaßen: Aaaaaaaaaaaa....

Das Mantram ***Chas*** ist wirksam, um das Lungenchakra zu entwickeln.

Im Zustand des Schlafes verlässt die Seele den physischen Körper und reist durch die übersinnlichen Welten.

In den inneren Welten erleben wir unsere vergangenen Reinkarnationen wieder.

Das Milzchakra

Wer dieses Chakra der Milz entwickelt, erwirbt die Macht, allen Geschöpfen des Wassers zu gebieten.

Das Milzchakra sammelt während der Nacht die Energien, die die Sonne während des Tages zurückgelassen hat.

Mit diesen Energien wandelt das Milzchakra die weißen Blutkörperchen in rote Blutkörperchen um.

Das Milzchakra ist das Zentrum des ätherischen Körpers, durch das das Leben der Sonne in unseren Organismus eindringt.

Der Buchstabe ***B*** gehört diesem Chakra an.

Dieses Chakra besitzt 6 Blütenblätter oder Wellen.

Das Leberchakra

Schlüssel, um mit dem Astralkörper zu reisen

Unsere Schüler müssen lernen, mit dem Astralkörper zu reisen, um alle weißen Logen der Welt zu besuchen.

In der gnostischen Kirche können alle unsere Schüler innere Anweisungen erhalten.

Der Schüler, der sich entwickeln will, darf sich nicht isolieren.

Der Schüler, der sich entwickeln will, muss unbedingt lernen, mit dem Astralkörper zu reisen, um sich in die gnostische Kirche zu begeben, wo er persönlich mit dem Christus und mit allen Meistern der Weißen Loge sprechen kann.

Der Schlüssel, um mit dem Astralkörper zu reisen, ist der Folgende:

Der Schüler soll in seinem Bett einschlafen.

Wenn der Schüler sich in diesem Übergangszustand befindet, der zwischen Wachsein und Schlaf existiert, soll er sich von seinem Bett erheben, so wie es ein Schlafwandler tut.

Bevor er sein Zimmer verlässt, soll der Schüler einen kleinen Sprung machen, mit der Absicht, im Raum zu schweben.

Wenn der Schüler nicht schwebt, soll er sich erneut in sein Bett begeben und den Versuch wiederholen.

Wenn der Schüler jedoch nach dem Sprung schwebt, soll er sein Zimmer verlassen und sich zur gnostischen Kirche begeben.

Dies ist keine mentale Übung.

Was wir hier sagen, muss in Taten umgesetzt werden.

Der Schüler soll im Augenblick des Einschlafens von seinem Bett aufstehen, so wie es Schlafwandler tun.

Der Vorgang des Schlafens löst die starken Verbindungen, die im Wachzustand existieren.

Der Vorgang des Schlafens erlaubt der Seele, sich vom physischen Körper zu trennen.

Der Schüler soll einschlafen, während er das Mantram ***Faraon*** folgendermaßen vokalisiert: Faaa.... Rrrraaaa.... Oooonnnn...

Er soll seinen Verstand vollkommen auf die Pyramiden von Ägypten konzentrieren.

Wenn der Schüler sich im Halbschlaf befindet, soll er sein Zimmer verlassen und sich in Richtung der ägyptischen Pyramiden begeben.

Ein anderes Mantram, um mit dem Astralkörper zu reisen, ist das Mantram ***Rusti***.

Der Schüler soll dieses Mantram mental vokalisieren, und während er einschläft soll er sich von seinem Bett erheben und sein Zimmer in Richtung der gnostischen Kirche verlassen.

Dort kann er persönlich mit dem Christus sprechen und direkte Anweisungen von allen Meistern erhalten.

Das Mantram ***Tai re re re*** dient ebenfalls dazu, mit dem Astralkörper zu reisen.

Der Schüler soll einschlafen, während er mental dieses Mantram singt.

Wenn der Schüler im Halbschlaf ist, soll er sich von seinem Bett erheben und sein Zimmer in Richtung der gnostischen Kirche verlassen.

Ein anderer sehr einfacher Schlüssel, um mit dem Astralkörper zu reisen, ist folgender:

Der Schüler soll einschlafen, während er mental die Silbe ***La*** und die Silbe ***Ra*** spricht.

Wenn der Schüler in seinem Kopf ein sanftes und angenehmes Summen fühlt, ähnlich einer Druckluftbremse oder dem Gesang der Grillen, ähnlich dem Klang von Hirtenflöten oder Flöten, soll er sich von seinem Bett erheben und sich zur gnostischen Kirche begeben.

Viele Schüler triumphieren sofort, andere verbringen Monate und Jahre damit, zu lernen, mit dem Astralkörper zu reisen.

Der Astralkörper ist mit der Leber verbunden.

Mit dem Erwecken dieses Chakras der Leber könnte jeder Mensch willentlich aus dem physischen Körper aus- und wieder eintreten.

Wichtig ist, dass die Schüler die Faulheit überwinden.

Wenn jemand nicht gelernt hat, mit dem Astralkörper zu reisen, ist es, weil er sehr faul ist.

Die Atome der Faulheit sind ein großes Hindernis für den Fortschritt, um die höheren Welten zu erreichen.

Die Schüler können lernen, mit ihrem Körper aus Fleisch und Blut im Zustand des Jinas zu reisen.

Der Schüler soll ein wenig einschlafen und sich dann wie ein Schlafwandler aus seinem Bett erheben, indem er den Schlaf wie einen kostbaren Schatz bewahrt.

Bevor er sein Zimmer verlässt, soll der Schüler einen kleinen Sprung tun, mit der Absicht zu schweben, und wenn er schwebt, ist es, weil sein physischer Körper schon in die Astralebene ist.

Jetzt kann der Schüler mit seinem physischen Körper innerhalb weniger Augenblicke zu den entferntesten Plätzen der Erde gelangen.

Als Christus über das Wasser ging, tat er es mit seinem physischen Körper im „Jinas-Zustand“.

Um den physischen Körper mitzunehmen, reichen ein bisschen Schlaf und viel Glauben aus.

Der Buchstabe, der dem Chakra der Leber entspricht, ist das ***G***.

Das Mantram ***Fe Uin Dagj*** – das letzte Wort guttural gesprochen – dient dazu, alle Chakren des Astralkörpers zu erwecken.

Das Mantram ***Miña Pica Frasco*** dient dazu, im Jinas-Zustand von einem Ort der Erde zu einem anderen zu reisen.

Der Schüler erhebt sich von seinem Bett wie ein Schlafwandler, während er das Mantram ***Miña Pica Frasco*** ausspricht.

Einige Schüler lernen dies sofort, andere verbringen Monate und Jahre, um es zu lernen.

Vielsichtigkeit

Der Kopf ist eine Welt, die vom strahlenden Licht des Tierkreisgürtels umgeben ist.

Das Kronenchakra ist der Lotus der tausend Blütenblätter, es ist die Krone der Heiligen, es ist das diamantene Auge.

Das Kronenchakra ist das Auge des Brahma, das Auge des Dagma.

Mit diesem Chakra können wir die Akasha-Chronik der Natur studieren und uns in die Ekstase des Shamadhi erheben, um die Welt der Götter zu betreten.

Dieses Chakra erwacht, wenn man intensiv Sexualmagie mit der Frau praktiziert.

Jeder, der die Zirbeldrüse entwickelt, verwandelt sich in einen gewaltigen und mächtigen Zauberer.

Wer das diamantene Auge öffnet, kann Wunder wirken, wie die, die der göttliche Rabbi aus Galiläa während seines Erdendaseins gewirkt hat.

Dieses Chakra besitzt 1.000 Blütenblätter.

Ein Mensch, der Kundalini bis zum Kopf aufsteigen lässt, erweckt das Kronenchakra. Dieses Chakra ist das siebte Siegel der Offenbarung.

Ein Mensch, der Kundalini bis zum Kopf aufsteigen lässt, vereint sich mit dem Innersten und verwandelt sich in einen gewaltigen und mächtigen Gott.

Wenn die Seele sich mit dem Innersten vereint, wird der Mensch zum Engel.

Die vierundzwanzig Ältesten warfen dem Lamm ihre Kronen zu Füßen.

Die Chakren sind alle mit der Wirbelsäule verbunden.

In der Wirbelsäule gibt es sieben Zentren.

Jedes einzelne dieser Zentren ist verbunden mit dem entsprechenden Chakra; dies sind die sieben Kirchen, von denen die Offenbarung spricht.

Dies sind die sieben Siegel, die das Lamm mit seinem flammenden Schwert öffnet.

Dies sind die sieben Siegel, die Kundalini öffnet, um uns in Götter zu verwandeln.

Und ich sah auf der rechten Hand dessen, der auf dem Thron saß, eine Buchrolle; sie war innen und außen beschrieben und mit sieben Siegeln versiegelt. Und ich sah: Ein gewaltiger Engel rief mit lauter Stimme: Wer ist würdig, die Buchrolle zu öffnen und ihre Siegel zu lösen? (Off. 5:1 – 2).

Das sah ich und hörte, während das Lamm das erste der sieben Siegel öffnete, eines der vier Wesen, wie mit Donnerstimme rufen: Komm! Ich sah auf - da siehe, ein weißes Pferd; der auf ihm saß, trug einen Bogen und es wart ihm ein Kranz gereicht, und er zog aus, ein Sieger, um zu siegen. Als es das zweite Siegel öffnete, hörte ich das zweite Wesen rufen: Komm! Das zog ein anderes Pferd aus, feuerrot; der auf ihm ritt, dem wart gegeben, den Frieden von der Erde zu nehmen, dass sie einander hinschlachten werden, und es wart ihm ein großes Schwert gereicht. Als es das dritte Siegel öffnete, hörte ich das dritte Wesen rufen: Komm! Ich sah auf - da siehe, ein schwarzes Pferd; sein Reiter trug in der Hand eine Waage. Ich hörte etwas wie eine Stimme mitten aus den vier Wesen rufen: Ein Maß Weizen um einen Denar! Drei Maß Gerste um einen Denar! - das Öl und den Wein jedoch sollst du nicht schädigen! Als er das vierte Siegel öffnete, hörte ich die Stimme des vierten Wesens rufe: Komm! Ich sah auf - da siehe, ein fahles Pferd; sein Reiter trug den Namen Tod, und ihm folgte der Herrscher des Totenreichs nach. Ihnen wart Gewalt gegeben über den vierten Teil der Erde, zu töten durch Schwert, Hunger, Pest und durch die wilden Tiere der Erde. Als es das fünfte Siegel öffnete, sah ich unten am Altar die Seelen derer, die hingemordet worden waren um des Wortes Gottes willen und wegen des Zeugnisses, an dem sie festgehalten, und sie riefen mit lauter Stimme: Wann endlich, heiliger und wahrhaftiger Gott, wirst du richten und unser Blut rächen an den Bewohner der Erde? Da wurde jedem von ihnen ein weißes Gewand verliehen und ihnen gesagt, sie sollten sich noch eine kleine Weile gedulden, bis auch ihre Mitknechte und Brüder vollzählig seien, die noch gleich ihnen erschlagen werden sollten. Wieder sah ich, als es das sechste Siegel auftat, wie ein gewaltiges Erdbeben entstand; die Sonne wurde schwarz wie ein härenes Tuch, der ganze Mond wurde wie Blut, die Sterne des Himmels fielen auf die Erde, wie der Feigenbaum seine späten Früchte abwirft, wenn er von heftigem Wind geschüttelt wird; der Himmel verschwand wie eine Buchrolle, die zusammengerollt wird; und jeder Berg und jede Insel wurden von ihrem Ort gedrückt. Da verbargen sich die Könige der Erde, die Vornehmen, Obersten, Reichen und Mächtigen, jeder Knecht und jede Freie in den Höhlen und Klüften der Berge und riefen zu den Bergen und Felsen: Fallet über uns und berget uns vor dem Angesicht dessen, der auf dem Throne sitzt, und vor dem Zorn des Lammes! Denn gekommen ist der große Tag ihres Zornes; wer kann da bestehen? (Off. Kapitel 6)

Als es das siebte Siegel öffnete, da wart es still im Himmel wohl eine halbe Stunde. Ich sah die sieben Engel, die vor Gott stehen, und es wurden ihnen sieben Posaunen gegeben. Ein anderer Engel kam und trat zum Altare. Er hielt eine goldene Rauchschale; viel Räucherwerk wart ihm gegeben, dass er es für die Gebete aller Heiligen darbringe auf dem goldenen Altar vor dem Throne Gottes, und die Wolke des Weihrauchs stieg aus der Hand des Engels für die Gebete der Heiligen vor Gott empor. Dann nahm der Engel die Rauchschale, füllte sie mit dem Feuer des Altares und schleuderte sie zur Erde nieder. Donnerschläge erfolgten, Getöse, Blitze und Erdbeben. (Off. 7:1 – 5)

(Daleth) - Der Kaiser

Die esoterischen Alter sind folgende:

Erste Einweihung der kleinen Mysterien, zehn Jahre.

Zweite Einweihung, zwanzig Jahre.

Dritte Einweihung, dreißig Jahre.

Vierte Einweihung, vierzig Jahre.

Fünfte Einweihung, fünfzig Jahre.

Sechste Einweihung, sechzig Jahre.

Siebte Einweihung, siebzig Jahre.

Achte Einweihung, achtzig Jahre.

Neunte Einweihung, neunzig Jahre.

Größere Mysterien

Erste Einweihung, 100 Jahre.

Zweite Einweihung, 200 Jahre.

Dritte Einweihung, 300 Jahre.

Vierte Einweihung, 400 Jahre.

Fünfte Einweihung 500 Jahre.

Sechste Einweihung, 600 Jahre.

Siebte Einweihung, 700 Jahre.

Achte Einweihung, 800 Jahre.

Neunte Einweihung, 900 Jahre.

Die Alter von mehr als neunhundert Jahren sind logoische Alter.

Um die absolute Befreiung zu erreichen, muss man ein Alter von 300.000 (dreihunderttausend) esoterischen Jahren besitzen. (Das esoterische Alter ist keine chronologische Zeit.)

Die Einweihung ist dein Leben.

Die Einweihung ist zutiefst innerlich.

Die Einweihung ist zutiefst individuell.

Die göttliche Triade

Der Innerste besitzt zwei Zwillingsseelen: die Göttliche und die Menschliche.

Mit hundert Jahren esoterischen Alters verschmilzt die göttliche Seele mit dem Innersten und so wird ein neuer Meister in den inneren Welten geboren.

Mit fünfhundert Jahren esoterischen Alters verschmilzt auch die menschliche Seele mit dem Innersten.

Auf diese Weise wird in den inneren Welten ein neuer Mahatma geboren.

Menschliche Bodhisattwas

Wenn ein Meister der kleineren Mysterien sich reinkarnieren will, schickt er seine menschliche Seele voraus, damit sie sich reinkarniert und vorbereitet.

Wenn diese menschliche Seele vorbereitet ist, reinkarniert sich der Meister.

Er verschmilzt mit seiner menschlichen Seele.

Wenn der Bodhisattwa sich fallen lässt, kann sich der Meister nicht reinkarnieren.

Ein Bodhisattwa, der sich fallen lässt, muss sich danach in schwierigeren Bedingungen reinkarnieren.

Wenn der Bodhisattwa seine Fehler wiederholt, lassen ihn die Herren des Karma unter immer schwierigeren und schmerzhafteren Bedingungen reinkarnieren.

So kommt der Moment, in dem sich der Meister in seinem Bodhisattwa reinkarnieren kann.

Der Meister wird aus Atma-Buddhi gebildet.

Atma ist der Innerste.

Buddhi ist die göttliche Seele, d. h., das göttliche Bewusstsein des Innersten.

Dyanis Bodhisattwas

Wenn ein Logos eine Welt erlösen will, entsendet er aus sich selbst einen göttlichen Prototyp, zusammengesetzt aus Atma und Buddhi.

Der Logos ist die sephirotische Krone.

Der Logos ist der individuelle Strahl, dem der Innerste entströmt.

Dieser Strahl ist die Heilige Dreifaltigkeit in uns.

Dieser Strahl ist dreifach.

So ist also jeder Logos dreifach.

Der Vater ist Kether, der Alter der Tage.

Der Sohn ist der kosmische Christus in uns.

Der Heilige Geist ist die göttliche Mutter in uns.

Die Mutter trägt eine Lampe in der Hand.

Diese Lampe ist der Innerste, der in unserem Herzen brennt.

Der Innerste besitzt zwei Seelen, eine göttliche und eine menschliche.

Wenn ein Logos auf die Welt kommen möchte, entsendet er aus sich selbst seinen Innersten.

Dieser Innerste ist zusammen mit der göttlichen Seele der Dyani Bodhisattwa eines Logos.

Die Dyanis Bodhisattwas der Logos, die dem Pfad der langen und bitteren Leiden folgen, wenn sie in der Welt reinkarnieren, evolutionieren wie ein Mensch unter Menschen.

Wenn ein Dyani bereit ist, dann reinkarniert sein wahres logoisches Sein in ihm, um die Welt zu retten.

(He) - Der Hierarch

Die Jungfrau des Meeres

Es gibt eine große Göttin und das ist die Jungfrau des Meeres.

Die Jungfrau des Meeres ist Isis, Adonia, Astarte, Maria.

Die Natur ist nicht unbewusst.

Die Natur ist eine gütige und strenge Mutter.

Wenn wir in den inneren Welten die große Mutter anrufen, antwortet die Natur uns mit einem erschreckenden metallischen Klang, der das ganze Universum erbeben lässt.

In Wahrheit ist die Natur der Körper eines Guru-Deva.

Dieser Guru-Deva wurde in allen Religionen verehrt.

Dieser Guru-Deva wurde Isis, Adonia, Insoberta, Maria, Persephone, usw., genannt.

Als der Christus sich reinkarnieren musste, um die Welt zu retten, wurde dieser Guru-Deva auf dem Berg Karmel geboren und er wurde auf den Namen Maria, Jungfrau des Berges Karmel, getauft.

Dies ist die Jungfrau des Meeres, die gesegnete Göttin Mutter der Welt.

Jeder, der ein Magier sein will und magische Kräfte haben will, muss ein Schüler der Jungfrau des Meeres werden.

Die verfallene Sphinx, die wir in der ägyptischen Wüste sehen, ist das Bildnis eines intelligenten Wesens, das in den inneren Welten existiert.

Dieses Wesen ist die elementale Sphinx der Natur.

Die elementale Sphinx der Natur besitzt alles Wissen der elementalen Magie der Natur.

Diese Sphinx ist der elementale Vermittler der gesegneten Göttin Mutter der Natur.

Die Sphinx gehorcht allen Befehlen der Jungfrau des Meeres.

Alle Mächte der Erde kommen aus dem Meer.

Jeder, der ein mächtiger Magier sein will, muss Schüler der Jungfrau des Meeres werden.

Jeder, der Schüler der Jungfrau des Meeres werden will, muss zuerst lernen, mit dem Astralkörper zu reisen.

Wer die Jungfrau des Meeres in den inneren Welten anruft, erhält von ihr all ihre Lehren.

Alle Arten von magischen Kräften müssen persönlich von der Jungfrau des Meeres erbeten werden.

Es gibt Magier, die das Bildnis der Jungfrau von Karmel über dem Herzen tätowiert tragen, um zu verhindern, dass feindliche Kugeln ihnen Schaden zufügen.

Man muss lernen, mit dem Astralkörper zu reisen, um mit der Jungfrau des Meeres zu sprechen.

(Vau) - Der Verliebte

Zahlen

Wir haben das Reich der hohen Magie betreten.

Wir haben das Laboratorium der hohen Magie betreten.

Wir haben die Welt der Willenskraft und der Liebe betreten.

Um in das Amphitheater der kosmischen Wissenschaft zu gelangen, muss man dem Teufel das Feuer rauben.

Der Verliebte muss der Finsternis das Licht rauben.

Man muss intensiv Sexualmagie mit der Frau praktizieren.

Man muss das flammende Schwert Edens zurückerobern.

Um die Götter anzurufen, muss man die mathematischen Zahlen der Sterne kennen.

Die Symbole sind die Kleider der Zahlen.

Die Zahlen sind die lebendigen Wesen der inneren Welten.

Die planetarischen Zahlen erzeugen sofortige schreckliche Ergebnisse.

Mit den Sternen kann man aus der Entfernung arbeiten.

Die mathematischen Zahlen wirken auf schreckliche Weise auf der physischen Welt.

Diese Zahlen müssen auf sieben verschiedene Tafeln geschrieben werden.

Wenn man mit der siderischen Magie arbeiten möchte, zeichnet man einen Kreis von eineinhalb Metern Durchmesser auf den Boden und legt das Zeichen des Pentagramms so, dass die zwei unteren Spitzen im Raum nach außen und die obere Spitze nach innen zeigen.

Im Zentrum des Kreises wird die Tafel mit den Zahlen des entsprechenden Planeten gelegt.

So wirken alle Götter des Planeten, mit dem man arbeiten möchte, mit.

Vor Beginn jeder magischen Zeremonie mit den Sternen muss man die Erde, das Feuer, das Wasser und die Luft mit ihren entsprechenden Exorzismen beschwören.

Beschwörung des Wassers

Fiat firmamentu in medio aquarum et separet aquas ab aquis, quae superius, sicut quae inferius, et quae inferius sicut quae superius, ad perpetranda miracula rei unius. Sol ejus pater est, Luna mater et ventus hanc gestavit in utero suo, ascendit a terra ad coelum et rursus a coelo in terram descentit. Exorciso te, creatura aquae, ut sis mihi speculum Dei vivi in operibus ejus, et fons vitae, et ablutio peccatorum, Amen.

Beschwörung des Feuers

Das Feuer wird beschworen, indem man Salz, Weihrauch, Schellharz, Kampfer und Schwefel hineinwirft und die drei Namen der Genien des Feuers dreimal ausruft: „Michael, König der Sonne und des Blitzes; Samael, König der Vulkane; Anael, Fürst des Astrallichtes.“

Beschwörung der Luft

Die Luft wird beschworen, indem man in alle vier Himmelsrichtungen bläst und spricht: Spiritus Dei, ferebatur super aquas, et inspiravit in facien hominis spiraculum vice. Sit Michael dux meus, et Sabtabiel servus meus, in luce et per lucem. Fiat verbum habitus meus; et imperabo Spiritibus aeris ujus, et refraenado equos solis voluntate cordis mei, et cogitatione mestis meae et nutu oculi dextri. Exorcio igitur te, creature aeris, per Pentagranmaton et in nomine Tetragrammaton, in quibus sund voluntas firma et et fides recta. Amen. Sela, fiat. So sei es.

Beschwörung der Erde

Die Erde wird beschworen durch die Versprengung von Wasser, durch den Atem und durch das Feuer, mit den entsprechenden Düften des Tages und indem man das Gebet der Gnome spricht.

Das Gebet der Gnome:

Unsichtbarer König, der Du nimmst die Erde als Stütze, und der Du die Abgründe ausgehöhlt, um sie zu erfüllen mit Deiner Macht; Du, um dessen Namen der Welt Gewölbe erzittern, Du, der Du fließen lassest die sieben Metalle in den Adern des Steines, Herrscher der sieben Lichter, Belohner, Du, der unterirdischen Arbeiter, führe uns zur ersehnten Luft und zum Reich des Lichtes.

Wir wachen und arbeiten ohn Ermatten, wir suchen und hoffen durch die zwölf Steine der heiligen Stadt, durch die verborgenen Talismane, durch die Magnetnadel, die das Herz der Erde durchdringt.

Herr, Herr, Herr, hab Erbarmen mit den Leidenden, dehne unsere Brust, mache uns frei und erhebe unser Haupt, erhöhe uns!

O Ruhe und Bewegung, o Tag von Nacht verhüllt, o Dunkel vom Licht gedämpft, o Meister, der Du nie in Deinem Besitz behältst den Lohn Deiner Arbeiter, o silberne Weiße, o goldener Glanz; O Krone von lebenden und melodischen Diamanten; Der Du den Himmel trägst auf Deinem Finger wie einen Saphirring, der Du unter der Erde verbirgst im Reich der Edelsteine den wunderbaren Samen der Sterne, lebe, herrsche und sei der ewige Spender der Kostbarkeiten, als deren Hüter Du uns bestellt. Amen.

Die magischen Quadrate

Quadrat des Mondes
Magische Summe: 369
Gesamt: 3.321

37	78	29	70	21	62	13	54	5
6	38	79	30	71	22	63	14	46
47	7	39	80	31	72	23	55	15
16	48	8	40	81	32	64	24	56
57	17	49	9	41	73	33	65	25
26	58	18	50	1	42	74	34	66
67	27	59	10	51	2	43	75	35
36	68	19	60	11	52	3	44	76
77	28	69	20	61	12	53	4	45

Quadrat des Merkur
Magische Summe: 260
Gesamt: 2.080

8	58	59	5	4	62	63	1
49	15	14	52	53	11	10	56
41	25	22	44	45	19	18	48
32	34	35	29	28	38	39	25
40	26	27	37	36	30	31	33
17	47	46	20	21	43	42	24
9	55	54	12	13	51	50	16
64	2	3	61	60	6	7	57

Quadrat der Venus

Magische Summe: 175
Gesamt: 1.225

22	47	16	41	10	35	4
5	23	48	17	42	11	29
30	6	24	49	18	36	12
13	31	7	25	43	19	37
38	14	32	1	26	44	20
21	39	8	33	2	27	45
46	15	40	9	34	3	28

Quadrat der Sonne:

Magische Summe: 111
Gesamt: 666

6	32	3	34	35	1
7	11	27	28	8	30
19	14	16	15	23	24
18	20	22	21	17	13
25	29	10	9	26	12
36	5	33	4	2	31

Quadrat des Mars:
Magische Summe: 65
Gesamt: 325

11	24	7	20	3
4	12	25	8	16
17	5	13	21	9
10	18	1	14	22
23	6	19	2	15

Quadrat des Jupiter:
Magische Summe: 34
Gesamt: 136

4	14	15	1
9	7	6	12
5	11	10	8
16	2	3	13

Quadrat des Saturn:
Magische Summe: 15
Gesamt: 45

4	9	2
3	5	7
8	1	6

Die Kunst, mit den Sternen zu arbeiten

Der Schüler setzt sich bequem in einen Sessel und konzentriert sich dann mit dem Verstand auf seinen Innersten und spricht:

„Du, der du ich selbst bist, mein wahres Sein!

Verlasse meinen Körper. Begebe dich zu den Toren des Herzenstempels des (Planet)“ – hier wird der Name des Planeten genannt, mit dem wir in diesem Augenblick arbeiten.

Dann werden die Worte Jachin, Bohaz ausgesprochen.

Danach bittet der Magier den siderischen Genius, mit dem er arbeitet, um die Erfüllung der gewünschten Dienste: Liebe, Reisen, Geschäfte, usw.

Der Magier ruft mehrmals bittend: Chor, Chor, Chor! Und die Engel werden arbeiten, aber im Einklang mit dem Gesetz.

Der planetarische Logos wird Scharen von Engeln schicken, die mit dem Magier arbeiten werden, damit er herrschen und siegen kann.

So arbeitet man mit dem Strahl der Sterne. So kann der Schüler seine persönlichen Probleme lösen.

Gabriel ist der Engel des Mondes.

Raphael ist der Engel des Merkur.

Uriel ist der Engel der Venus.

Michael ist der Engel der Sonne.

Samael ist der Engel des Mars.

Zachariel ist der Engel des Jupiter.

Oriphiel ist der Engel des Saturn.

Die Eigenschaften der Planeten

Der Mond: Reisen; Handwerkskunst; Schriftsteller; Geschäfte mit Flüssigkeiten; mit der Mutterschaft verbundene Angelegenheiten; Landwirtschaft; Krankheiten des Magens und des Gehirns; usw.

Merkur: Journalismus, Intellektualität, Geschäfte, Rechtsstreitigkeiten, Wissenschaften, Reisen und jede Art von Angelegenheiten, die mit dem Verstand zu tun haben.

Venus: Liebe, Heirat, Frauen, Parfüm, Musik, bildende Künste, darstellende Künste, Dichtkunst.

Die Sonne: hohe Würdenträger, mystische Angelegenheiten, soziale Position, hohe Hierarchen, usw.

Mars: Kriege; militärische Angelegenheiten; polizeiliche Angelegenheiten; Streitigkeiten; Anführer; Arbeit in Verbindung mit Geld; große Geschäfte; Angelegenheiten, die mit Richtern und Gerichten in Verbindung stehen, usw.

Jupiter: hohe militärische, zivile und kirchliche Personen; Angelegenheiten, die mit Geld in Verbindung stehen; große Geschäfte; Angelegenheiten, die mit Richtern und Gerichten in Verbindung stehen, usw.

Saturn: Angelegenheiten, die mit der Erde zu tun haben; Bergbauangelegenheiten; Begräbnisangelegenheiten; Todesengel; usw.

Der Magier muss lernen, das Funkeln der Sterne zu handhaben, denn die Engel der Sterne sind die absoluten Herrscher der Welt. (Siehe auch *Kurs in esoterischer Astrologie* desselben Autors)

Eigenschaften der zwölf Tierkreiszeichen

Widder: 21. März bis 20. April.

Die unter diesem Zeichen geborenen Menschen sind impulsiv und cholerisch, sie regen sich leicht auf.

Diese Personen sind fähig, große Aufgaben zu übernehmen und zu einem guten Ende zu bringen.

Die Kinder des Widders siegen im Militär und sind sehr energisch und dynamisch.

Das Metall dieses Zeichens ist das Eisen.

Die Widder Geborenen haben kein Glück in der Liebe, denn sie streiten immer.

Stier: 21. April bis 21. Mai.

Stiere sind gefräßig; sie lieben alles Schöne.

Stiere lieben viel und leiden viel, denn sie erleben große Enttäuschungen in der Liebe.

Wenn die Stiere zornig werden, werden sie wahrhaftig zu wütenden Stieren.

Stiere sind wie Ochsen: arbeitsam und beharrlich.

Zwilling: 22. Mai bis 21. Juni.

Die Zwilling Geborenen haben einen starken Willen, besitzen große Tapferkeit, sie sind vielfältig und reisen gern. Ihr Leben ist eine Mischung aus Erfolg und Scheitern. Manchmal haben sie ein gutes Leben und manchmal müssen sie viel Armut ertragen.

Sie sind sehr intelligent und regen sich schnell auf.

Der Fehler der Zwilling Geborenen ist, dass sie alle Dinge mit dem Kopf lösen wollen; sie wollen die weise Stimme des

Herzens immer zum Schweigen bringen und so erschaffen sie Probleme und Schwierigkeiten jeder Art.

Krebs: 22. Juni bis 23. Juli.

Die Krebs Geborenen besitzen Fähigkeiten für alle Arten von handwerklichen und praktischen Künsten.

Mode, Schneiderei, usw.

Die Krebs Geborenen sind hartnäckig, und wie der Krebs, ziehen sie es vor, ein Bein zu verlieren, als eine Beute.

Die Krebs Geborenen haben Erfolg bei großen Reisen.

Bei zunehmendem Mond und Vollmond können sie ihre Unternehmen verwirklichen, die dann Erfolg haben werden.

Der Charakter der Krebs Geborenen wechselt je nach den Veränderungen des Mondes.

Die Krebs Geborenen sind romantisch und gefühlsbetont, aber wenn sie zornig werden, ist ihr Zorn fürchterlich.

Löwe: 24. Juli bis 22. August.

Das Zeichen des Löwen wird von der Intuition beherrscht.

Wir müssen unseren Verstand von jeder Art von Schulen, Theorien, politischen Parteien, Konzepten, Wünschen, Gefühlen, Leidenschaften, usw. befreien.

Dem Intellektualismus ohne Spiritualität entspringen die Taugenichtse.

Die Taugenichtse bewegen sich in eleganten Sälen, trinken alle Arten von Spirituosen und die ganze Welt applaudiert ihnen und bewundert sie.

Die Taugenichtse nennen sich Doktoren, Akademiker, Intellektuelle, usw.

Die Taugenichtse haben die Welt in Besitz genommen und alle Regierungen der Erde sind in ihren Klauen.

Die Taugenichtse sind die intellektuellen Pedanten unserer Zeit.

Die Taugenichtse sind schon immer die Feinde der Weisen gewesen.

Unsere Schüler müssen jede Art von Gaunerei hinter sich lassen.

Unsere Schüler müssen die Intuition entwickeln, die im Herzen wohnt.

Die Intuition ist die direkte Wahrnehmung der Wahrheit, ohne den deprimierenden Vorgang des Denkens und der Meinungen.

Die Löwe Geborenen sind wie der Löwe: gütig und tapfer.

Die Löwe Geborenen sind mystisch und sie befehlen gerne.

Die Löwe Geborenen leiden viel.

Die Löwe Geborenen erleiden manchmal Unfälle an Armen und Beinen.

Die Löwe Geborenen sind großherzig und gütig.

Die Löwe Geborenen regen sich leicht auf und werden leicht zornig.

Jungfrau: 23. August bis 23. September.

Die Jungfrau und die Skorpion Geborenen sind zusammen das herrliche Eden, von dem die Bibel spricht.

Ich habe dieses Buch geschrieben, damit sich meine Schüler in allmächtige und machtvolle Götter verwandeln.

Ich möchte, dass alle Schüler all ihren menschlichen Schwächen ein Ende setzen und sich in Götter und Priester des Universums verwandeln.

Jungfrau ist das Zeichen der himmlischen Jungfrau.

Jungfrau ist der jungfräuliche Leib der göttlichen Natur.

Als wir Elementale waren, besaßen wir sieben Schlangen auf dem Stab.

Als wir Eden verließen, fielen unsere sieben Schlangen.

Unsere Schüler müssen die sieben Schlangen auf dem Stab erheben, damit sie in den Garten Eden eintreten und sich in Götter des Feuers verwandeln.

Jungfrau ist der Leib der Mutter Natur.

Die Jungfrau Geborenen fallen unglücklicherweise in den Teufelskreis des Denkens und schaden sich damit.

Die Jungfrau Geborenen sind unglücklich in der Liebe.

Die Jungfrau Geborenen fallen in die Verirrungen des intellektuellen Denkens, und deshalb kommen sie nicht weiter.

Wenn die Jungfrau Geborenen vorankommen wollen, müssen sie einfach sein, müssen sie mit dem Denken aufhören und den Verstand eines unschuldigen Kindes haben.

Waage: 24. September bis 23. Oktober.

Bevor es die Waage gab, sah das Antlitz kein Antlitz.

Alles, was ist, alles, was war, und alles, was sein wird, wird auf der Waage gewogen.

Alle Könige, die das Absolute betraten, wurden auf der Waage gewogen.

Die Waage ist das Kleid des Alten der Tage; die Waage verwickelt sich in nichts; die Waage ist das Gewand des Absoluten.

Gerechtigkeit und Barmherzigkeit vereint strahlen in der Welt von Aziluth.

Die Waage Geborenen bewahren in der Liebe immer das Gleichgewicht, und ihr Leben ist so unbeständig wie die Bewegungen der Waagschalen.

Die Waage Geborenen leiden in der Liebe.

Die Waage Geborenen besitzen große Fähigkeiten, sich das tägliche Brot zu verdienen.

Das Schwert der kosmischen Gerechtigkeit ist jenseits von Gut und Böse.

Skorpion: 24. Oktober bis 22. November.

Das menschliche Wesen besitzt sieben Körper; jeder Körper hat seine Wirbelsäule und seine Schlange (siehe „Kurs in esoterischer Astrologie“ desselben Autors).

Die sieben Körper des Menschen sind folgende:

a) Physischer Körper

b) Vitalkörper oder ätherischer Körper

c) Astralkörper oder Körper der Begierden

d) Mentalkörper

e) Willenskörper

f) Bewusstseinskörper

g) Innerster

Jeder Körper besitzt seine heilige Schlange.

Wir haben sieben heilige Schlangen, zwei Gruppen zu je drei, mit der erhabenen Krönung der siebten Feuerzunge, die uns mit dem Einen, dem Gesetz und mit dem Vater verbindet.

Indem wir intensiv Sexualmagie mit der Frau praktizieren, erheben wir die sieben Schlangen auf dem Stab und verwandeln uns in allmächtige Götter des Universums mit Macht über die vier Elemente: Erde, Wasser, Feuer und Luft.

Skorpion regiert die Sexualorgane, und die Erlösung des Menschen liegt in den Sexualorganen.

Die Skorpion Geborenen besitzen gewaltige magische Kräfte.

Die Skorpion Geborenen sind cholerisch, nachtragend und rachsüchtig.

Wenn sie jedoch den Zorn, die Rachsucht und den Groll beherrschen, können die Skorpion Geborenen sich in gewaltige und mächtige weiße Magier verwandeln.

Skorpione sind absolut keusch oder absolut unzüchtig.

Skorpion Geborene besitzen eine gewaltige Willenskraft.

Der Schlüssel, um sich in einen Magier zu verwandeln, ist, das Glied in die Scheide der Frau einzuführen und es herauszuziehen, ohne den Samen zu vergießen.

Wer sich an diese Übung gewöhnt und nie mehr im Leben den Samen ejakuliert, verwandelt sich in einen gewaltigen und mächtigen Gott.

Schütze: 23. November bis 22. Dezember.

Die Schütze Geborenen sind äußerst leidenschaftlich.

Die Schütze Geborenen ärgern sich leicht und vergeben schnell.

Die Schütze Geborenen sind großherzig und großzügig.

Die Schütze Geborenen lieben immer das Abenteuer und Wagnisse; alles Großartige und Gewaltige zieht sie an.

Die Schütze Geborenen sind hartnäckig und kämpferisch; wenn die Menschen glauben, dass sie sie besiegt haben, tauchen die Schützen voller Mut und Tapferkeit wieder auf dem Schlachtfeld auf.

Die Schütze Geborenen besitzen eine große Veranlagung für Philosophie.

Steinbock: 23. Dezember bis 20. Januar.

Die Steinbock Geborenen sind pessimistisch und melancholisch.

Die Steinbock Geborenen besitzen viele Fähigkeiten, um das tägliche Brot zu verdienen.

Die Steinbock Geborenen sind fleißig und arbeitsam und besitzen einen ausgeprägten Sinn für ihre eigene moralische Verantwortung.

Auf ihrem Lebensweg fehlt nie ein Judas, der sie verrät.

Jedem Steinbock passiert ein Unglück in der Liebe ... ein schrecklicher Verrat in der Liebe.

Wassermann: 21. Januar bis 18. Februar.

Die Wassermann Geborenen besitzen starke Willenskraft und eine hervorragende Intuition.

Die Wassermann Geborenen sind Freunde der Unabhängigkeit und lieben innigst Polemiken und philosophische Diskussionen.

Die großen Führer des Wassermannzeitalters sind die Revolutionäre der Epoche.

Die Wassermänner besitzen große Fähigkeiten für alle Studien des okkulten Wissens.

Fische: 19. Februar bis 20. März.

Fische haben eine Willenskraft, die stärker ist als Stahl.

Fische sind intuitiv und sehr einfühlsam.

Alle Fische erleben auf ihrem Lebensweg zwei Familien oder zwei Ehen.

Fische sind außerordentlich empfindlich und werden durch alles leicht beeindruckt.

Die Fische Geborenen sind manchmal tief melancholisch.

Die Fische Geborenen sind, obwohl sie immer präsent sind, getrennt von allen Eitelkeiten der Welt.

Fische besitzen die Veranlagung für zwei Berufe, zwei verschiedene Veranlagungen.

Aus dem Meer der Fische steigt der Stern der Magier auf.

Aus dem Meer der Fische kommen alle Messiasse.

Alle Ereignisse im Leben des Fisches wiederholen sich.

Das Gute wiederholt sich, und das Schlechte wiederholt sich auch.

Wenn sie Glück haben, kommt es von allen Seiten, und wenn sie Pech haben, kommt dieses auch von allen Seiten.

(Zain) – Der Kriegswagen

Alle christlichen und neu-christlichen Religionen, Protestanten, Katholiken, Adventisten, usw., studieren die Bibel wörtlich.

Alle diese Sekten studieren die Prophezeiungen auf vollkommen intellektuelle Weise und wörtlich.

Wir Gnostiker möchten persönlich, von Angesicht zu Angesicht, mit den Engeln sprechen, damit sie uns die Prophezeiungen erklären.

Wir bevorzugen die Praxis und wissen, wie man mit den Engeln und den Propheten spricht.

Wer ein Magier sein will, muss das Schwert erringen.

Das Schwert ist Kundalini.

Das Schwert ist das Feuer des Heiligen Geistes.

Wir gewinnen nichts dabei, wenn wir unseren Kopf mit Theorien füllen.

Wir gewinnen nichts, wenn wir die Bibel wörtlich interpretieren, so wie es die Adventisten, Protestanten, Presbyterianer, usw. tun.

Das Beste ist es, zu lernen, mit den Engeln und mit den Propheten zu sprechen.

Nur so sind wir auf dem sicheren Weg.

Wir müssen den Verstand von jeder Art von Wünschen, Emotionen, Denken, Intellektualismus, Theorien, Eitelkeiten, usw., befreien.

Es ist besser, eine gute Frau zu lieben und mit ihr jeden Tag Sexualmagie zu praktizieren, als die Zeit mit Polemik, Intellektualismus und Theorien zu verlieren.

So erlangen wir das Schwert von Kundalini und erwecken all unsere magischen Kräfte, um durch die Tore der siegreichen Stadt zu treten.

Der Verstand ist der Esel, auf dem wir reiten müssen, um am Gründonnerstag das himmlische Jerusalem zu betreten.

Der Verstand ist das Versteck der Begierde.

Wenn der Verstand uns mit unnötigen Vorstellungen angreift, wenn der Verstand uns mit seinen niedrigen Leidenschaften belauert, dann sprechen wir folgendermaßen zum Verstand:

„Verstand, nimm dieses Verlangen von mir; Verstand, nimm diese Leidenschaften von mir, ich akzeptiere sie nicht, du bist mein Sklave und ich bin dein Herr, bis zum Ende der Zeit.“

(Cheth) – Die Gerechtigkeit

Wenn ein niederes Gesetz durch ein höheres Gesetz transzendiert wird, löscht das höhere Gesetz das niedere aus.

Der Löwe des Gesetzes wird mit der Waage bekämpft.

Tue gute Werke, damit du deine Schulden zahlst.

Unsere Schüler müssen lernen, mit dem Astralkörper zu reisen.

Unsere Schüler müssen lernen, mit dem Astralkörper zu den Büros der Herren des Karma zu reisen.

Unsere Schüler müssen lernen, ihre Geschäfte persönlich zu führen (die Geschäfte des Karma).

Es gibt zweiundvierzig Richter des Karma.

Die Herren des Karma vergeben Kredite an jeden, der darum bittet, aber alle Kredite müssen mit der Arbeit am großen Werk des Vaters bezahlt werden.

Wenn unsere Schüler Hilfe von den Herren des Karma erbitten wollen, zeichnen sie einen sechszackigen Stern auf den Boden und breiten die Arme wie eine Waage aus.

Sie bewegen die Arme wie eine Waage nach oben und unten während sie den Verstand auf Anubis, den Herr der Herren des Karma konzentrieren.

Dann können wir die Herren des Karma mental um den gewünschten Dienst bitten.

Während wir die Arme wie eine Waage bewegen, sprechen wir die Silben: ***Ni, Ne, No, Nu, Na***.

Auf diese Weise können wir in Augenblicken der Gefahr oder der Notwendigkeit Hilfe von den Herren des Karma erbitten.

Ich sage euch jedoch, dass es besser ist, mit dem Astralkörper zu den Büros der Herren des Karma zu reisen, um persönlich mit den Richtern des Gesetzes zu sprechen.

(Teth) – Der Eremit

(Die Einweihung)

Die Einweihung ist das Leben selbst.

Alle Schriftsteller der Theosophen und Rosenkreuzer haben nichts anderes getan, als die Wahrheit über die Einweihung zu verfälschen.

In allen Werken der Theosophen und Rosenkreuzer sehen wir eine Unmenge von Berichten, die nichts mit der wahren Einweihung zu tun haben.

Alle diese fantastischen Geschichten der Theosophen und Rosenkreuzer haben nur dazu gedient, den Verstand der Schüler zu täuschen.

Die Wahrheit ist, dass die Einweihung das Leben selbst ist.

Der Innerste ist es, der die Einweihungen erhält.

Der Innerste wohnt den Festen in den Tempeln bei, um die Einweihung zu erhalten.

Wenn der Schüler seine Mächte nicht entwickelt hat, ahnt er nicht einmal, dass er die Einweihung erhalten hat.

Die Mächte der Einweihung sind die Mächte des Innersten.

Wenn die Persönlichkeit diese Mächte jedoch nicht entwickelt hat, bemerkt der Schüler nicht, dass er Einweihungsmächte besitzt.

Also hat die Einweihung nichts mit irgendeiner dieser fantastischen Geschichten zu tun, von denen es in den Büchern der Theosophen und Rosenkreuzer so viele gibt.

Die Mächte sind der Lohn, den der Logos dem Menschen gibt, wenn der Schüler sich für die Menschheit geopfert hat.

Wem nichts geschuldet wird, dem wird auch nichts bezahlt.

Die Einweihungen sind der Lohn, den der Logos dem Menschen gibt, wenn der Schüler sich für die Menschheit geopfert hat.

Diejenigen, die sich nur um ihre spirituelle Entwicklung sorgen und nicht für die anderen arbeiten, erreichen absolut nichts.

Wer weiterkommen will, muss sich für die anderen aufopfern.

Diejenigen, die den Anderen ständig von all den Einweihungen erzählen, die sie haben, begehen einen schweren Fehler, denn das esoterische Alter ist etwas sehr persönliches und sehr heiliges.

So ist die Einweihung also das eigene Leben, das mit Aufrichtigkeit und mit Liebe intensiv gelebt wird.

(Iod) – Das Schicksalsrad

Die zehn Sephiroth

Der Mensch besteht aus zehn Prinzipien:

Das Erste ist Kether, der Alte der Tage.

Das Zweite ist Chokmah, der kosmische Christus in uns.

Das Dritte ist Binah, die Mutter, der Heilige Geist in uns.

Das Vierte ist Chesed, der Innerste.

Chesed ist eine kostbare Lampe, die die Mutter in der Hand hält.

Das Fünfte ist Geburah, unsere spirituelle Seele, unser superlatives Bewusstsein (Buddhi).

Das Sechste ist unsere menschliche Seele, Tipheret.

Das Siebente ist Netzah, der Mentalkörper.

Das Achte ist Hod, der Astralkörper.

Das Neunte ist Jesod, der ätherische Körper.

Das Zehnte ist Malchut, der physische Körper.

Moses erreichte es, Binah in sich zu inkarnieren, aber weiter kam er nicht.

Glücklich sind diejenigen, die es erreichen, in sich selbst den kosmischen Christus (Chokmah) zu inkarnieren.

Noch glücklicher sind diejenigen, die es erreichen, in sich selbst den Alten der Tage, die Güte der Güte, ihr absolutes höchstes Ich zu inkarnieren.

Auf dem Berg Horeb erschien die Mutter Moses im brennenden Dornbusch und dieser fiel zu Boden und seine Mutter Binah, Adonai-Jehova trat in ihn ein …

So wurde Moses erleuchtet.

Die zehn Sephiroth sind atomar.

Im Körper des Alten der Tage strahlen die zehn Sephiroth wie Edelsteine, wenn wir die dreihunderttausend esoterischen Jahre erreicht haben.

Die esoterischen Alter sind esoterische Zeit.

Die esoterische Zeit ist heilig. Es sind Bewusstseinszustände.

Die esoterische Zeit hat nichts mit der profanen chronologischen Zeit zu tun.

Die Sephiroth bilden den Körper des Adam Kadmon.

Wenn der Mensch sich von Grund auf verwirklicht, betritt er das Königreich des Adam Kadmon.

Das Königreich des Adam Kadmon wird schließlich vom Absoluten absorbiert, wo das Leben frei in seiner Bewegung strahlt.

(Khaph) – Die Kraft der Überzeugung

Die Ketten

Die mächtigsten Ketten werden in Gruppen von drei Personen durchgeführt.

Die Zahl drei ist das große Arkanum.

Wenn ein Mann und eine Frau sich vereinigen, wird etwas erschaffen.

Vater, Mutter, Sohn.

Vater, Sohn, Heiliger Geist.

Isis, Osiris, Horus.

Das Geheimnis der Dreifaltigkeit strahlt in allen religiösen Theogonien.

Bei unseren Ritualen werden drei Kerzen angezündet.

Die Zahl drei ist absolut schöpferisch.

Der magische Effekt der Ketten in Dreiergruppen ist gewaltig.

In jeder magischen Zeremonie müssen die vier Elemente der Natur beschworen werden. (Siehe die Beschwörung der Vier in Kapitel VI)

Das Reich der Sylphen liegt im Osten, und sein Herrscher ist Paralda.

Das Reich der Undinen liegt im Westen, und sein Herrscher ist Varuna.

Das Reich der Gnome liegt im Norden, und seine Herrscher sind Gob und Kitichi.

Das Reich der Salamander liegt im Süden, und seine Herrscher sind Djin und Agni.

Die Sylphen sind die Geister der Luft.

Die Undinen sind die Geister des Wassers.

Die Gnome sind die Elementargeister der Erde.

Die Salamander sind die Elementargeister des Feuers.

Wenn der Schüler die Geschöpfe des Feuers beschwört, soll er sich nach Süden richten; wenn er die Geschöpfe der Luft beschwört, soll er sich nach Osten richten; wenn er die Geschöpfe der Erde beschwört, soll er sich nach Norden richten; wenn er die Geschöpfe des Wassers beschwört, soll er sich nach Westen richten.

Auf den Boden muss man mit Kohle einen fünfzackigen Stern zeichnen, vor dem die Scharen der Engel und Dämonen erzittern.

Die oberste Spitze des Sterns zeigt zum Inneren des Raumes und die unteren Ecken des Sterns zeigen nach außen.

Man kann auch einen sechszackigen Stern im Zentrum des Kreises zeichnen, damit die Elementargeister gehorchen.

Der hebräische Buchstabe Aleph kann den fünfzackigen und den sechszackigen Stern ersetzen.

Den Geschöpfen der Luft befiehlt man mit einer Vogelfeder.

Die Geschöpfe des Wassers beschwört man mit einem Glas in der Hand.

Die Geschöpfe der Erde beschwört man mit einem Stock oder Stab.

Die Geschöpfe des Feuers beschwört man mit dem Schwert.

(Lamed) – Das Apostolat

Der Athanor

Der Alchemist braucht einen Athanor, um am großen Werk zu arbeiten.

Dieser Athanor ist die Frau.

Die ganze Schönheit der Natur ist in der Frau vereinigt.

In der Frau vereinen sich all die Schönheiten des Universums.

Die Frau ist berufen, in der Zukunft eine gigantische Mission zu erfüllen.

Die Frau ist berufen, Königin der Natur zu werden.

Wer sich in einen unfehlbaren Gott verwandeln will, muss die Frau verehren.

Wer sich in eine Hoheit des sternenbesäten Himmels von Urania verwandeln will, muss bereit sein, seinen letzten Tropfen Blut für die Frau zu geben.

Ich behaupte, es ist unmöglich, sich ohne eine Frau zu verwirklichen.

Adam und Eva verließen das irdische Paradies allein.

Wir, Männer und Frauen zusammen, haben das bittere Brot der Verbannung geteilt.

Wir, Männer und Frauen zusammen, konnten es nicht lassen, uns zu lieben.

Die Frau ist verehrungswürdig.

Sie schaukelte uns in der Wiege, segnete uns mit dem Segen von oben und von unten, mit dem Segen der Brust und der Gebärmutter.

Die Frau wiegte uns in den Schlaf und ernährte uns mit der Brust der gesegneten göttlichen Mutter der Welt.

Die Frau ist die gesegnete Göttin, die die Macht hat, uns in unaussprechliche Götter zu verwandeln.

Gott strahlt über dem vollkommenen Paar.

Der Stickstoff der Alchemie ist das heilige Feuer der Kundalini.

Diesen Stickstoff erhält man nur durch die intensive Arbeit mit dem Quecksilber der geheimen Philosophie.

Es ist unmöglich, Alchemist zu sein, wenn man nicht mit dem philosophischen Stein arbeitet.

Dieser gesegnete Stein hat vier Namen.

Stickstoff, Inri, Adam, Eva.

Diese ehrwürdige, halb-feste, halb-flüssige Materie ist unser christonischer Samen.

Der Athanor der Alchemie ist ein großartiges Instrument, das wir besitzen, um mit dem Stickstoff zu arbeiten.

Wir müssen das Blei in Gold verwandeln.

Wir müssen das Blei unserer Persönlichkeit in das reine Gold des Geistes verwandeln.

Wir müssen den Sonnenkönig zeugen, gekrönt mit dem roten Diadem.

Dieser Sonnenkönig wird in uns selbst gezeugt, wenn wir intensiv Sexualmagie mit der Frau praktizieren.

Die Frau verwandelt uns in unaussprechliche Götter.

Die Frau ist der Athanor der Alchemie.

(Mem) – Der Tod

Die Kunst mit den Toten zu sprechen

Man kann mit den Desinkarnierten sprechen:

Die Toten leben in der Sphäre von Jetzirah.

Die Toten leben in der Welt von Nogah (Astralwelt).

Die Schüler müssen lernen, willentlich den Körper zu verlassen und wieder zu betreten.

In der Welt von Nogah können wir die Toten anrufen, um persönlich mit ihnen zu sprechen.

Die Verstorbenen, die unzüchtig gewesen sind, sind kalt und finster und leben in der Welt von Assiah, in der Kälte und Finsternis herrschen.

Die Schüler, die keusch gewesen sind und Kundalini erweckt haben, sind nach dem Tod voller Jugend und Feuer.

Die Engel sind feurige Flammen.

Die Engel sind feurige Kinder, voller Licht und Schönheit.

In der Welt von Nogah können wir persönlich mit den Toten sprechen.

Die dreizehnte Stunde ist der Tod und die Auferstehung.

Wenn wir um etwas bitten, antworten uns die Engel oft, indem sie uns die Uhr zeigen.

Der Schüler sollte auf die Uhrzeit achten.

Dies ist die Uhr des Schicksals.

In der Uhrzeit liegt die Antwort:

Die zwölf Stunden des Apollonius

Erste Stunde des Apollonius: transzendentales Studium des Okkultismus.

Zweite Stunde des Apollonius: Die Abgründe des Feuers; durch die Drachen und das Feuer bilden die astralen Tugenden einen Kreis.

Dritte Stunde des Apollonius: die Schlangen, die Hunde und das Feuer.

Vierte Stunde des Apollonius: Der Neophyt wird des Nachts zwischen den Gräbern umherstreifen, er wird den Schrecken der Visionen erleben, er wird sich der Magie und der *Goetia* widmen.

Fünfte Stunde des Apollonius: Die höheren Wasser des Himmels.

Sechste Stunde des Apollonius: Wegen der Angst ist es hier nötig, ruhig und unbewegt zu bleiben.

Siebente Stunde des Apollonius: Das Feuer muntert die leblosen Wesen auf und wenn ein Priester, ein Mensch, der sich ausreichend gereinigt hat, es stiehlt und es später ausstrahlt, wenn er es mit heiligem Öl mischt und es segnet, wird es ihm möglich sein, alle Krankheiten zu heilen, indem er es einfach auf die betroffene Stelle aufträgt.

Achte Stunde des Apollonius: die astralen Tugenden der Elemente, der Samen aller Arten.

Neunte Stunde des Apollonius: Hier ist noch nichts abgeschlossen. Der Eingeweihte steigert seine Wahrnehmung, bis er die Grenzen des Sonnensystems überschreitet, jenseits des Zodiakus. Er gelangt zur Schwelle der Unendlichkeit. Er erreicht die Grenzen der begreifbaren Welt. Das göttliche Licht wird enthüllt und mit ihm tauchen neue Ängste und Gefahren auf.

Zehnte Stunde des Apollonius: die Tore des Himmels öffnen sich und der Mensch entkommt seiner Lethargie.

Elfte Stunde des Apollonius: Die Engel, Cherubim und Seraphim fliegen und man hört ihre Flügelschläge; der Himmel jubelt, weckt die Erde und die Sonne, die in Adam aufsteigt.

Zwölfte Stunde des Apollonius: Die Türme des Feuers beunruhigen.

Die Zahl dreizehn

Es gibt eine dreizehnte Stunde; dies ist die Stunde der Befreiung.

Wer die dreizehn Tore der Barmherzigkeit durchschreitet, verwandelt sich in einen unaussprechlichen Gott von strahlender Schönheit.

Der Tierkreis besteht aus den zwölf Türen der Barmherzigkeit.

Die dreizehnte Tür ist die der Befreiung.

Man muss sterben, um zu leben.

Man muss sterben und auferstehen.

(Nun) – Die Mäßigung

Das Elixier des ewigen Lebens

Wenn die göttliche Seele sich mit dem Innersten vereint, wird in den inneren Welten ein neuer Meister der höheren Mysterien geboren.

Wenn sich dieser Verbindung des Innersten mit der göttlichen Seele noch die menschliche Seele anschließt, dann wird ein Mahatma geboren.

Mahatma bedeutet große Seele.

Das sind die diamantenen Seelen.

Diese Verwirklichung erhält man im Alter von fünfhundert esoterischen Jahren. (Fünfte Einweihung der höheren Mysterien.)

Der Meister, der auf das Nirvana aus Liebe zur Menschheit verzichtet, wird dreimal ehrenhaft bestätigt.

Der Meister, der auf das Nirvana verzichtet, um auf der physischen Ebene zu bleiben, muss das Elixier des langen Lebens erbitten.

Das Elixier des langen Lebens ist ein Gas und eine Flüssigkeit.

Dieses elektro-positive und elektro-negative Gas ist von unbefleckter weißer Farbe.

Dieses Gas bleibt in unserem Vitalgrund gespeichert.

Mit diesem Gas können wir das Leben verlängern und viele Trillionen Jahre lang mit dem Körper aus Fleisch und Blut leben.

Die gelbe Flüssigkeit ätherisiert den physischen Körper.

Der physische Körper des Meisters wird allmählich vom ätherischen Körper absorbiert und so wird er unzerstörbar.

Der Meister Zanoni lebte viele Millionen Jahre mit seinem physischen Körper.

Der Graf Saint German lebt heutzutage mit dem gleichen physischen Körper, den er während des XVII., XVIII. und XIX. Jahrhunderts in Europa benutzte.

Wir Gnostiker können Millionen von Jahren leben, ohne dass der Tod uns behelligen kann.

Mit dieser Wissenschaft werden wir allmächtig und machtvoll.

Die Gnosis ist für die Menschen, die sich in Götter verwandeln wollen.

(Samech) – Der Baphomet

Die Schwarze Magie

In der Welt von Assiah gibt es Millionen von schwarzen Logen.

Die gefährlichsten schwarzen Magier des Universums gibt es in der mentalen Welt.

Jeder Okkultist, der die Samenejakulation empfiehlt, ist ein schwarzer Magier.

Jeder Unzüchtige ist ein schwarzer Magier.

Jede Vereinigung von Unzüchtigen bildet eine schwarze Loge.

Unsere Schüler müssen lernen, die Finsteren zu beschwören, damit sie vor Schreck fliehen.

Der Engel Aroch lehrte mich eine Beschwörung gegen die Finsteren, die folgendermaßen lautet:

Belilin, Belilin, Belilin, Amphore der Rettung; ich möchte bei dir sein, der Materialismus hat keine Macht über mich, Belilin, Belilin, Belilin. (Dies wird gesungen.)

Der weise Salomon hinterließ uns zwei sehr mächtige Beschwörungen, um die Dämonen zu bekämpfen. Hier sind sie.

Beschwörung der vier Elemente:

Caput mortuum, imperet tibi dominus per vivum et devotum Serpentem.

Cherub, imperet tibi dominus per Adam Jotchavah!

Aquila errans, imperet tibi dominus per alas Tauri.

Serpens, imperet tibi dominus Tetragrammaton per Angelum et Leonem.

Michael, Gabriel, Raphael, Anael!

Fluat udor per spiritum Elohim.

Maneat terra per Adam Jotchavah.

Fiat firmamentum per Jahuvehu-Sabaoth.

Fiat judicium per ignem in virtute Michael.

Engel der toten Augen, gehorche oder zerfließe mit diesem Heiligen Wasser.

Geflügelter Stier, arbeite oder kehre wieder zur Erde, wenn du nicht willst, dass ich Dich treibe mit diesem Schwert.

Gefesselter Adler, gehorche diesem Zeichen oder weiche zurück vor diesem Atem.

Bewegliche Schlange, krieche zu meinen Füssen oder sei gequält durch das Heilige Feuer und verdunste mit den Räucherungen, die ich hier verbrenne.

Zum Wasser kehre das Wasser, es brenne das Feuer, es wehe die Luft, zur Erde falle die Erde durch die Kraft des Pentagramms, des Morgensternes und im Namen des Tetragramms, das geschrieben ist in der Mitte des Lichtkreuzes.

Amen. Amen. Amen.

Beschwörung der Sieben:

Im Namen Michaels, dass Jehova dir befehle und dich von hier entferne, Chavajoth!

Im Namen Gabriels, dass Adonai dir befehle und dich von hier entferne, Bael!

Im Namen Rafaels verschwinde vor Elial, Samgabiel!

Bei Samael Sabaoth und im Namen Elohim Gibors, entferne dich Andrameleck!

Bei Zachariel und Sachel-Meleck, gehorche vor Elvah, Sanagabril!

Im göttlichen und menschlichen Namen Schadais und bei dem Zeichen des Pentagramms, das ich in der rechten Hand habe, im Namen des Engels Anael, durch die Macht Adam und Evas, die Jotchavah sind, weiche zurück Lilith; lasse uns in Frieden, Nahemah!

Bei den Heiligen Elohim und im Namen der Genien Cashiel, Shaltiel, Aphiel und Zarahiel unter dem Befehl Orifiels; weiche zurück Moloch!

Wir werden dir nicht unsere Kinder geben, dass du sie verschlingst.

Amen. Amen. Amen.

Die Finsteren muss man mit dem Schwert beschwören.

(Hain) – Der vom Blitz getroffene Turm

Der Zauber

Wenn das astrale Licht sich in einer Blume verdichtet, verlieben wir uns in diese Blume.

Wenn das astrale Licht sich in einem Gemälde verdichtet, verlieben wir uns in das Gemälde.

Wenn das astrale Licht sich in einer Frau sammelt, verlieben wir uns in die Frau.

Das astrale Licht ist voller Schönheit und Sentimentalität.

Die Zauber des astralen Lichtes sind gefährlich.

Unglücklich ist der Samson der Kabbala, der sich von Dalila in den Schlaf wiegen lässt. Der Herkules der Wissenschaft, der sein Zepter der Macht gegen den Knochen der Omphale tauscht, er wird bald die Rache von Deïaneira spüren und es bleibt ihm nichts anderes, als der Scheiterhaufen des Bergs Eta, um vor den verzehrenden Qualen der Tunika des Nessos zu fliehen.

Wer von verschiedenen Frauen verzaubert ist, ist nichts weiter als ein schwaches, von den verhexenden Augen der verführerischen Schlange des astralen Lichtes niedergeschmettertes Vögelchen.

Das astrale Licht ist voller schwebender Bilder.

Diese Bilder sind voller Schönheit und Sentimentalität.

In diesen Bildern steckt das Geheimnis aller Tragödien unseres Lebens.

Der weise Salomon hinterließ uns eine wundervolle Anrufung, um Hilfe von den höheren Mächten zu erbitten.

Mit dieser Anrufung erhalten wir Hilfe für unsere persönlichen Bedürfnisse.

Anrufung des Salomon:

Mächte des Königreiches, seiet unter meinem linken Fuß und in meiner rechten Hand.

Herrlichkeit und Ewigkeit berühret meine Schultern und führet mich auf den Pfad des Sieges.

Barmherzigkeit und Gerechtigkeit, seiet ihr das Gleichgewicht und der Glanz meines Lebens.

Verständnis und Weisheit, gebt mir die Krone.

Geister von Malkuth, geleitet mich zwischen die zwei Säulen, die das ganze Gebäude des Tempels stützen.

Engel von Netzach und Hod, gebt mir Kraft auf dem kubischen Stein von Yesod.

O Gedulahel! O Geburahel! O Tiphereth!

Binahel, sei du meine Liebe!

Ruach Hochmahel, sei du mein Licht!

Sei, was Du bist, und was dein Wille ist zu sein, o Kiteriel !

Ischim, steht mir bei im Namen von Shadai!

Cherubim, seid meine Kraft im Namen von Adonai.

Beni Elohim, seid meine Brüder im Namen des Sohnes, des Christus, und bei der Macht von Sabaoth.

Elohim, kämpft für mich im Namen von Tetragrammaton.

Malachim, beschützt mich im Namen von Iod-He-Vau-He.

Seraphim, reinigt meine Liebe im Namen von Eloah.

Hasmalim, erleuchtet mich mit dem Glanz von Elohim und Shechinah.

Aralim, handelt ihr;

Ophanim, dreht euch und strahlt.

Hajoth-Ha-Kadosh, schreit, sprecht, brüllt und stöhnt;

Kadosch, Kadosch, Kadosch, Shadai, Adonai, Iot Chavah, Eieazereie!

Hallelu-jah! Hallelu-jah! Hallelu-jah!

Amen. Amen. Amen.

(Phe) – Die Hoffnung

Die Kunst, mit den siderischen Göttern zu sprechen

Der Magier kann, wann immer er will, mit den Göttern sprechen.

Wir können die Götter von Angesicht zu Angesicht sehen, ohne zu sterben.

Wer mit den siderischen Göttern sprechen kann, braucht kein Zeitungshoroskop.

Wir müssen uns in schrecklich göttliche Wesen verwandeln.

Um mit den siderischen Göttern zu sprechen, muss man lernen, mit dem Astralkörper zu reisen.

Im Astralkörper müssen wir lernen, uns zum Tempel der planetarischen Götter zu begeben.

Wenn er außerhalb des Körpers ist, geht der Magier in Kreisen von rechts nach links, indem er die Vorstellungskraft und die Willenskraft auf den planetarischen Tempel richtet, den er besuchen will.

Dann geht der Magier gerade aus, direkt in Richtung des Tempels.

Rechts an jedem kosmischen Tempel gibt es eine weiße Säule.

Links an jedem kosmischen Tempel gibt es eine schwarze Säule.

Der Magier grüßt den Wächter zur Rechten, indem er *Jachin* sagt.

Der Magier grüßt den Wächter zur Linken, indem er *Bohaz* sagt.

Im Inneren des Tempels können wir mit den planetarischen Göttern sprechen, um unser wahres und echtes Horoskop zu erfahren.

Menschen, die eine Linie auf der Stirn haben, sind Kinder von Gabriel; diejenigen, die zwei Linien haben, sind Kinder von Raphael; diejenigen, die drei haben, sind Kinder von Uriel; diejenigen, die vier haben, sind Kinder von Michael; diejenigen, die fünf haben, sind Kinder von Samael; diejenigen, die sechs haben, sind von Zachariel; und diejenigen, die sieben haben, sind von Oriphiel.

(Tzad) – Die Dämmerung

Der böse Blick

Der böse Blick bei Kindern wird geheilt, indem man ihnen einen Teil von jedem der vier Evangelien vorliest und sie auf der Stirn, dem Mund und der Brust bekreuzigt.

Der böse Blick wird auch geheilt, indem man die Beschwörung der Vier spricht und magnetische Bewegungen über dem Kopf der Kinder ausführt, um das schädliche Fluidum herauszuziehen, das man im Feuer verbrennen kann.

Kinder, die mit dem bösen Blick verhext wurden, haben dunkle Augenringe, Fieber, Erbrechen und sogar Durchfall.

Der böse Blick ist auf die hypnotische Kraft von bösartigen Menschen zurückzuführen, die die Kinder ansehen.

Die Ärzte wissen nichts von diesen Dingen und verwechseln diese Krankheit fast immer mit Mageninfektionen.

Die Augen sind die Fenster der Seele.

Der Mann, der sich durch die Augen aller Frauen faszinieren lässt, muss sich damit abfinden, im Abgrund zu leben.

Es gibt Frauen, die die Männer mit Hexerei beeinflussen.

Diese Opfer müssen sich unaufhörlich mit den Beschwörungen der Vier und der Sieben verteidigen.

Um die Einweihung zu erlangen, müssen wir dem Teufel das Feuer rauben.

Um die Einweihung zu erreichen, müssen wir große Schlachten gegen die schwarze Loge schlagen.

Wir können uns gegen die Hexerei verteidigen, indem wir unseren elementalen Vermittler anrufen.

Der elementale Vermittler kennt sich mit Kräutern, mit Lichtern, mit Sternen aus, weil er ein Experte der elementalen Magie der Natur ist.

Man ruft ihn mit ganzem Herzen im Augenblick des Einschlafens.

(Dolph) – Die strahlende Sonne

Der Stein der Weisen

Der Stein der Weisen ist der Samen.

Wer jeden Tag Sexualmagie praktiziert, arbeitet mit dem Stein der Weisen.

Wer seine sieben Schlangen auf dem Stab erhebt, erhält die folgenden Mächte:

Die Macht, nie zu sterben und den physischen Körper zu behalten, bis zum Ende der Zeiten. Die Macht, alle Elemente der Natur zu beherrschen.

Die Macht, immun gegen jede Art von Feuerwaffen zu werden. Die Macht, Herr alles Erschaffenen zu werden.

Die Macht, alles zu hören und zu sehen. Die Macht, ein Weiser zu werden. Die Macht, das himmlische Heer zu beherrschen, usw.

Alles, was man braucht, um mit dem Stein der Weisen zu arbeiten, ist eine gute Frau.

Das Einzige, wozu die Frau dient, ist, uns in Götter zu verwandeln.

(Resch) – Die Auferstehung

Trinkbares Gold

Das trinkbare Gold ist das Feuer von Kundalini. (Siehe „Abhandlung über Sexualmagie“ desselben Autors)

Die universale Medizin liegt im trinkbaren Gold.

Wir müssen jede Art von menschlichen Schwächen zunichtemachen.

Die Schlangen des Abgrunds versuchen, dem Schüler das trinkbare Gold zu rauben.

Der Schüler, der sich fallen lässt, muss danach schwer kämpfen, um das Verlorene wiederzuerlangen.

Der Herr der Weisheit der Schlange ist der Engel Metraton.

Metraton war der Prophet Enoch, von dem die Bibel spricht.

Enoch hinterließ uns die 22 Buchstaben des hebräischen Alphabets.

Enoch hinterließ uns das Tarot, in dem sich alle göttliche Weisheit befindet.

Wenn ein Bodhisattwa sich fallen lässt, wird er von seinem inneren Meister entfernt, um bestraft zu werden.

So erhalten die Bodhisattwas ihre Strafe.

(Shin) – Die Rückkehr

Meditation

Wenn jemand nicht mit dem Astralkörper reisen kann, ist das, weil er seine Macht schon verloren hat und diese Macht nun durch die Meditation erst wiedererobern muss.

Die Meditation ist ein wissenschaftliches System, um innerliche Informationen zu erhalten.

Wenn ein Magier in Meditation versinkt, verlässt er den physischen Körper und kann mit den siderischen Göttern sprechen.

Die Meditation besteht aus vier Stufen:

Asana: (Haltung des physischen Körpers). Der Körper soll sich in einer vollkommen bequemen Haltung befinden.

Dharana: (Konzentration). Wir müssen den Verstand von jeglicher Art irdischer Gedanken trennen. „Die irdischen Gedanken müssen tot umfallen vor den Toren des Tempels." Man muss den Verstand ausschließlich nach innen richten ... auf unseren Innersten.

Dyana: (Meditation). Der Schüler soll in diesen Augenblicken über den Innersten meditieren. Der Innerste ist der Geist. „Erinnert euch daran, dass euer Körper der Tempel des lebendigen Gottes ist, und dass der Höchste in uns wohnt." Der Schüler muss tief einschlafen und versuchen, mit seinem Innersten zu sprechen.

Shamadhi: (Ekstase). Wenn der Schüler es erreicht hat, einzuschlafen, während er über seinen Innersten meditiert, dann erreicht er den Zustand des Shamadhi und kann unaussprechliche Dinge sehen und hören und vertraut mit den Engeln sprechen. Auf diese Weise erweckt er das Bewusstsein aus seinem jahrtausendelangen Schlaf. So können wir die wahre göttliche Weisheit erlangen, ohne dass es notwendig ist, die mentalen Mächte durch den Kampf des Denkens oder durch den eitlen Intellektualismus zu beschädigen. Die Meditation ist das tägliche Brot des Weisen.

Durch die Meditation verwandelt sich unser Astralkörper. Unsere astralen Erfahrungen werden während der Stunden des Schlafes klar, und so erobert der Mensch seine Mächte zurück und lernt willentlich den Astralkörper zu benutzen.

Dann kann er erfolgreich die Schlüssel benutzen, die wir im Kapitel „Gimel – die Kaiserin“ gegeben haben.

Durch die Meditation können wir ohne die vier Sündenkörper in der Welt der Feuernebel agieren.

Während der Stunden des Schlafs agiert jeder Mensch im Astralkörper. Die Träume sind die astralen Erfahrungen.

Wenn wir erwachen, müssen wir uns anstrengen, uns an unsere astralen Erfahrungen zu erinnern.

Während des Schlafes ist jeder Mensch außerhalb des physischen Körpers.

(Thau) – Die Umwandlung

Dieses Buch der weißen Magie gefällt keinem schwarzen Magier.

Jeder Mensch, der dieses Buch liest und es ablehnt, ist ein schwarzer Magier.

Jeder Schüler des Okkultismus, der dieses Buch ablehnt, tut dies, weil er ein Schwarzer Magier ist.

Jede Vereinigung von Unzüchtigen gehört der schwarzen Magie an.

Jehova verbot die Unzucht und jeder, der den Befehlen des Herrn Jehova nicht gehorcht, ist ein schwarzer Magier.

Unsere ledigen Schüler beider Geschlechter können ihre sexuelle Energie mit der Rune Olin umwandeln.

Übung

Der Schüler soll sich gerade hinstellen und mehrmals rhythmisch ein- und ausatmen.

Beim Einatmen der Luft muss er seine Vorstellungskraft und seine Willenskraft in lebendiger Harmonie vereinen, um sexuelle Energie durch die zwei Ganglienstränge des Rückgrats bis zum Gehirn, zum Punkt zwischen die Augenbrauen, dem Hals und Herzen, in dieser Reihenfolge aufsteigen zu lassen.

Dann atmet der Schüler die Luft aus, während er sich fest vorstellt, dass die sexuelle Energie sich im Herzen fixiert hat.

Beim Ausatmen vokalisiert der Schüler das Mantram ***Torn*** folgendermaßen: Toooooorrrrnnnnn …

Auf diese Weise können unsere ledigen Schüler beiderlei Geschlechts ihre sexuelle Energie umwandeln.

Die sexuellen Energien können auch mit dem Sinn für Ästhetik, mit der Liebe zur Musik, zur Bildhauerei und mit langen Spaziergängen, usw., umgewandelt werden.

Ein Lediger, der keine sexuellen Probleme haben will, muss völlig rein in seinen Gedanken, seinen Worten und Werken sein.

Bei den Übungen der Rune Olin müssen wir verschiedene Bewegungen mit den Armen ausführen.

Der Schüler soll die rechte Hand auf die Hüfte legen.

Er streckt beide Arme zur linken Seite hin aus, den linken Arm etwas höher als den rechten, und streckt die Arme aus, sodass sie einen spitzen Winkel mit dem Körper bilden.

Er soll beide Hände auf die Hüften legen.

Ich, Samael Aun Weor, der wahre und rechtmäßige Avatar des neuen Wassermannzeitalters, erkläre, dass alle Wissenschaften des Universums sich auf die Kabbala und die Alchemie zurückführen lassen.

Wer ein Magier werden will, muss Alchemist und Kabbalist sein.

Wer die universelle Medizin besitzen will, muss Alchemist und Kabbalist sein.

Es gibt so schreckliche und abscheuliche schwarze Magier wie Parzival Krumm-Heller und wie jener Cherenzi, die den Schülern eine negative sexuelle Magie lehren, bei der sie die Samenflüssigkeit ejakulieren.

Diese phallischen Kulte wurden praktiziert von den boshaften kanaanäischen schwarzen Magiern und den Hexern von Karthago, Tyros und Sidon.

Die negative Sexualmagie von Parzival und Cherenzi war ein Teil der tantrischen Kulte der Kanaaniter.

Diese negative Sexualmagie von Parzival und Cherenzi wurde von den schwarzen Magiern von Lemurien-Atlantis praktiziert, um die Gunst der Dämonen zu gewinnen.

Diese Städte wurden zu Staub reduziert und alle diese boshaften Geschöpfe fielen in den Abgrund.

Wenn ein Mann den Samen vergießt, nimmt er aus den niederen Welten Millionen von dämonischen Atomen auf, die unsere brahmanische Kordel verunreinigen und uns in unseren eigenen atomaren Höllen versinken lassen.

Mit der Sexualmagie werden die drei Atem des reinen Akasha gestärkt.

Wenn ein Mann jedoch seinen Samen ejakuliert, veranlassen diese drei Atem, dass Kundalini nach unten, in die atomaren Höllen des Menschen absteigt.

Das ist der Schwanz Satans.

Kein Schüler darf auch nur einen einzigen Tropfen Samen verschütten.

Hier übergebe ich der Menschheit den Schlüssel aller Königreiche des Himmels und der Erde.

Hier übergebe ich der Menschheit den Schlüssel aller Mächte und den Schlüssel aller Königreiche des Himmels und der Erde, denn ich möchte diesen traurigen Ameisenhaufen der Menschheit nicht mehr so sehr leiden sehen.

Nachdem ich alle spiritualistischen Bibliotheken der Welt studiert habe, bin ich zu dem logischen Schluss gekommen, dass sich alles auf die Zahlen und die Alchemie zurückführen lässt.

Man gewinnt nichts, wenn man seinen Kopf mit so vielen Theorien füllt.

All diese Tausende von Bänden, die über Theosophismus, Spiritismus, Rosenkreuzertum, Magnetismus, Hypnotismus, die Suggestion, usw., geschrieben worden sind, dienen nur dazu, die Leute verrückt zu machen.

Alle spiritualistischen Schulen sind voll von verrückten Menschen.

In den spiritualistischen Schulen sehen wir die unterschiedlichsten Arten von Verrücktheit.

Die Theorien überhäufen die Menschen mit Verrücktheit.

In den Reihen der Spiritualisten lassen sich viele die Haare und den Bart wachsen und glauben, dass sie sich damit in Götter verwandeln.

In den spiritualistischen Richtungen gibt es die verschiedensten Arten geistigen Ungleichgewichts.

Das Einzige, was sich im Leben wirklich lohnt, ist, eine gute Frau zu haben und mit ihr jeden Tag Sexualmagie zu praktizieren.

Wir müssen das Leben intensiv leben, mit Aufrichtigkeit und Liebe.

Das tägliche Brot im Schweiße unseres Angesichts verdienen und gute Mitmenschen sein.

Mit den praktischen Lehren, die ich meinen Schülern in dieser „Anleitung zur praktischen Magie“ übergeben habe, kann sich jeder Einzelne von euch in einen wahren unaussprechlichen Gott verwandeln.

Ich, Samael Aun Weor, bin der Logos vorangegangener Mahamvantaras, und deshalb besitze ich genügend Autorität, um über diese Dinge zu sprechen.

Wenn sie ihr Leben mit Aufrichtigkeit und Liebe leben, werden unsere Schüler ihre Einweihungen in den inneren Welten erhalten.

Alle Bücher, die über Spiritualismus geschrieben wurden, sind voller Widersprüche.

Alle sagen das Gleiche.

Alle widersprechen sich selbst.

Einige Autoren widersprechen anderen, und ein Autor widerspricht sich alle fünf Minuten selbst.

Kurz und gut, der arme Leser ist am Ende seines Lebens verrückt und mental unausgeglichen.

Ich, Samael Aun Weor, schwöre im Namen des geliebten Vaters, im Namen des verehrten Sohnes und im Namen des weisen Heiligen Geistes, dass jeder, der die Lehren dieser „Anleitung zur praktischen Magie" praktiziert, sich in einen unaussprechlichen mächtigen Gott des Universums verwandelt.

Friede sei mit der gesamten Menschheit.

Samael Aun Weor

Die 22 höheren Arkanen des Lebensbaums

1. Der erschaffende Magier – der Mann – der erschaffende Vater oder Prinz – die Kraft – das maskuline Prinzip – Feuer.

2. Die Frau – der Okkultismus – die Mutter – die priesterliche Ehefrau – die Form – das feminine Prinzip – Wasser.

3. Die Menschheit und die Schöpfung – die Kaiserin – die Dreieinigkeit – die himmlische Mutter – materielles und spirituelles Schaffen – die durch das Arkanum A.Z.F. christifizierte Seele.

4. Die Macht und das Geschaffene – der fortschrittliche Kaiser – Erfolge – das Kreuz der Initiation – die Quadratur des Kreises – der Schlüssel der unendlichen Bewegung.

5. Die Autorität und das geistige Leben – der Hierarch – die Meerjungfrau – das Gesetz – das Karma – der Hierophant.

6. Liebe und Anziehung – der Verliebte – Ziffernreihen – die zwei Wege – der Sieg – Glück– der Mensch zwischen Laster und Tugend – Gut und Böse.

7. Der Kriegswagen – Kämpfe – der Feuerwagen – Sühne – Schmerz – die Kutsche Osiris – Bitterkeit.

8. Die Gerechtigkeit – Leiden – die Zahl Jobs – Prüfungen und Schmerz.

9. Göttliche Liebe – Klugheit – der Eremit – die Initiation – die neunte Sphäre – die feurige Schmiede des Vulkangottes – die Sexualität.

10. Das Schicksal – das Schicksalsrad dreht sich – die zehn Sephiroth der Kabbala – das Lebensrad – Gesetz von Ursache und Wirkung – der Lohn – das Rad des Samsara – Gesetz der Ursachen.

11. Der Zorn – die Kraft der Verführung – Ketten – der gebändigte Löwe.

12. Das Opfer – das Apostolat – der Athanor – der Ofen.

13. Der Tod – die Transformationen – Kunst mit den Göttern zu sprechen – das blendende Skelett – Tod der Wiederauferstehung.

14. Die Mäßigung – Keuschheit – das Elixier des langen Lebens – Ehe – Vereinigung.

15. Die Fatalität – der Baphomet – die Schwarze Magie – Typhon als Herrscher – Typhon Baphomet – Scheitern in der Liebe.

16. Katastrophe und Zerstörung – der vom Blitz getroffene Turm – die Hexer – die vom Blitz getroffene Festung – Strafe – der schreckliche Fall.

17. Hoffnung – Kunst mit den siderischen Göttern zu sprechen – der Stern der Hoffnung.

18. Geheime Freunde – Behexung mit dem Blick – Monddämmerung – Gefahren.

19. Die Wahrheit – die strahlende Sonne – der Stein der Weisen – das erschaffende Feuer – Erfolge.

20. Veränderungen – Wiederauferstehung – trinkbares Gold – die Wiederauferstehung der Toten.

21. Völlige Demoralisierung – die Rückkehr – Meditation – Unvernunft – Scheitern – der Verrückte – die Abgründe.

22. Der Sieg – die Verwandlung – die Krone des Lebens – Mann/Frau – Feuer/Wasser – Iod-He-Vau-He – Mann/Frau – Phallus/Uterus.